HOE IK GOLF

TIGER WOODS

HOE IK GOLF

UITGEVERIJ BALANS
UITGEVERIJ VAN HALEWYCK
I.S.M. GOLF DIGEST

FOTOVERANTWOORDING
Omslagfoto's door Jim Moriarty

Alle foto's zijn gemaakt door de vaste medewerkers
Stephen Szurlej, Dom Furore en Jim Moriarty van *Golf Digest*, tenzij anders vermeld.
Allsport, Endpaper VII, 42, 208, 209, 210-211, 212-213, 261, 272-273, 274, 278, 282-283, 291;
Corbis/Jerry Tubby; Elizabeth Whiting and Associates, 284-285; Bob Ewell, 304-305;
Bill Fields, 77; Rusty Jarrett, 80, 234-235; Larry Lambrecht, 15 (*links*);
Gary Newkirk, I, 128-129, 142, 206, 226, 227, 244, 257, 267; Larry Petrillo, 276;
Kultida Woods, VIII, 4, 260; Illustraties door Ed Acuña 28-29, 63, 70, 116, 135, 151, 240-241;
John Corbitt, 12-13, 22, 25, 27, 33, 46, 61, 69, 77, 87, 92, 119, 122, 145, 165,
174, 217, 222-223, 243, 246, 258-259, 265, 266, 286, 288-289

Vertaald uit het
Engels door Emile van Gelder de Neufville

Oorspronkelijke titel: *How I play golf*
door Tiger Woods i.s.m. *Golf Digest*
uitgegeven door Warner Books Inc. New York - A Time Warner Company

Omslagontwerp Flamur Tonuzi
Vormgeving binnenwerk Judith Turziano
Druk Nørhaven Book, Denemarken

Uitgeverij Balans, Amsterdam
ISBN 90 5018 566 5
NUGI 464
www.uitgeverijbalans.nl

Uitgeverij Van Halewyck, Leuven
ISBN 90 5617 361 8
D/2001/7104/42

Voor mijn vader en moeder:

hun liefde en steun geven me

de kracht die ik nodig heb.

INHOUD

INLEIDING

Toen Tiger Woods in juni 1997 een exclusief contract tekende om voor Golf Digest een serie instructie-artikelen te gaan schrijven, was de redactie niet alleen verrukt maar ook een tikje bezorgd: was Tigers kennis van de golfswing wel breed en goed genoeg om de gemiddelde amateur naar een hoger plan te tillen? Tiger immers was net 21, een leeftijd waarop de meeste leeftijdsgenoten - zonder al te veel na te denken over techniek of tactiek - de bal zo hard mogelijk willen raken om er vervolgens ook weer zo snel mogelijk naar toe te lopen. Natuurlijk, zijn talent als speler stond niet ter discussie - tenslotte had hij twee maanden daarvoor zijn eerste Masters-titel binnengehaald -, onze verwachtingen van Tiger de leraar/auteur echter waren heel wat minder hoog gespannen.

Ook wij, zoals ieder ander, hebben Tiger schromelijk onderschat, want de allereerste sessie met hem was een openbaring. Zijn kennis van de grondbeginselen was volledig, terwijl hij de principes van het hoe en waarom van de volle swing als geen ander begreep. Sterker nog: de manier waarop hij het uitlegde was helder en voor iedereen begrijpelijk.

Alles wat Tiger van golf weet staat in dit boek. Voor de lezer is het des te gelukkiger dat zijn kennis door de jaren heen groter en groter is geworden en veel meer inhoudt dan zijn instructiebijdragen aan Golf Digest. Tigers nieuwe inzichten betreffende lichamelijke conditie, dieetkennis, de psychologie én de mentale hardheidstraining van het golf, worden hier dan ook voor het eerst beschreven.

Tigers lessen begonnen al vroeg.

Ondanks Tigers enthousiasme om de gemiddelde golfer te helpen, is de titel van dit boek 'How I Play Golf', en wel met de nadruk op 'I'. Vanaf het begin namelijk heeft Tiger beklemtoond dat wat goed is voor hém niet voor iedereen goed hoeft te zijn. Toch zullen alle golfers baat hebben bij de methodes die Tiger beschrijft, want ze zijn niet alleen solide, ze reiken eveneens ver. Letterlijk en figuurlijk.

Wij hopen dat u genieten zult van alles wat de grootste speler van onze tijd u over zijn sport leren en vertellen kan.

—De redactie van *Golf Digest*

PROLOOG

Tijdens The Masters van 2001 was ik getuige van een complete metamorfose van Tiger die uitmondde in een nooit eerder geëvenaarde serie van 4 Major-titels op rij. Deze historische gebeurtenis, die een paar jaar daarvoor nog voor onmogelijk werd gehouden, was slechts met moeite te bevatten. Woorden kunnen dan ook nauwelijks de blijheid en trots beschrijven die ik voelde toen hij die zondagavond, de zon was nog net niet achter de hoge dennen verdwenen, van de achttiende green stapte en me in de armen viel. Het was een déjà vu van vier jaar daarvoor, toen Tiger zijn eerste Masters-titel won tijdens zijn eerste volle jaar op de tour. Toch was het nu anders. Nu omhelsde ik een volwassene die de titel 'beste van de wereld' had gepast, om vervolgens te beseffen dat hij als gegoten zat. "Je hebt het klaargespeeld," zei ik, "nu kom je echt in de geschiedenisboeken. Ik hou van je."

Zijn reis begon in de hoge stoel van mijn garage in Cypress, Californië, waar hij als zes maanden oude baby opmerkzaam toekeek hoe zijn vader golfballen in een net sloeg. Verrassend genoeg hield hij dat twee uur lang vol. Vanaf het begin ook had hij een mooie, solide golfswing. Er was echter één probleem: hij was linkshandig. Nadat het hem twee weken had gekost om te ontdekken dat ik aan de andere kant van de bal stond, stopte hij op zeker ogenblik in het midden van zijn swing, liep ook naar die andere kant, veranderde zijn grip en sloeg de ballen vervolgens rechtshandig het net in. Ik stond erbij, keek ernaar en kan het nog steeds niet geloven!

Zijn swing ontwikkelde zich met het ouder worden. Als teenager was deze lang, los en vrij vlak. Toen hij sneller begon te groeien liet John Anselmo, zijn eerste leraar, hem rechter staan waardoor zijn swingbaan veranderde en hij ook minder geneigd was de bal te hooken, het kenmerk van de vroege Hoganjaren. Deze swing hield hij gedurende zijn periode als amateur. Maar ik wist dat de swing zwakke kanten had die uitgebannen moesten worden. Nadat hij er in de matchplay-ronde van het U.S. Amateur van 1993 uitgeknikkerd was, vroeg ik Butch Harmon eens naar mijn zoon te kijken. Tiger sloeg een paar ballen voor hem en Butch verbaasde me toen hij zei: "Tiger, Greg Norman heeft een paar fantastische handen, maar jij hebt de beste die ik ooit gezien heb." Tiger was direct een en al oor en Butch ging verder: "Ik durf er om te wedden dat jij vlak voor het moment van impact vóélt of je het clubblad open of gesloten hebt staan en dat je het dan met je handen gaat corrigeren als het niet goed is." "Klopt," zei Tiger, "dat voel ik en dat doe ik."

Hierna vertelde Butch hem dat ze dat probleem op zouden lossen door Tigers swingbaan vaster en

constanter te maken, waardoor het clubblad op het moment van impact mooi haaks tegen de bal zou komen. Op die manier zou Tiger zijn handen niet meer corrigerend hoeven te gebruiken, maar kon hij de bal zijn wil opleggen en hem daar slaan waar hij hem hebben wilde. Ik stapte naar de kant van de range en keek toe hoe ze aan het werk gingen: het was het begin van een bijzondere relatie.

Vanaf het begin was Tiger zeer geïnteresseerd in alle facetten van het spel en hij was altijd moedig en vasthoudend. Toen hij 8 was, vertelde ik hem dat hij niet alleen dat beetje extra in zijn mars had dat alle grote atleten hebben, maar dat hij er ook altijd een beroep op kon doen. Hij wist waar ik over sprak, want we hadden het er al over gehad als we naar grote basketballers als Magic Johnson, Larry Bird en Kareem Abdul-Jabbar keken en zagen hoe die mannen juist onder druk het beste uit zichzelf wisten te halen. Al heel vroeg in zijn ontwikkeling was datzelfde vermogen in Tiger zichtbaar. Gedurende iedere periode van zijn carrière heeft hij, schijnbaar, ongrijpbare records neergezet en gebroken en was en is hij een inspirerend voorbeeld voor talloze aspirant-golfers. Het feit dat hij tot een minderheidsgroep behoort heeft hem nooit gedeerd en hem te zien presteren onder druk en moeilijke omstandigheden is een lust voor het oog.

Ik hoop dat dit boek, dat hij met veel liefde schreef, de deur kan openen voor hen die zijn passie voor dit heerlijke spel delen.

—Earl Woods, *herfst 2001*

DANKBETUIGING

Heel veel dank aan *Golf Digest* en Warner Books
zonder wiens gezamenlijke steun
dit project niet mogelijk was geweest.

❖ ❖ ❖

En, niet te vergeten, evenveel dank aan mijn vroegere leraren
Rudy Duran en John Anselmo, Jay Brunza, Butch Harmon,
mijn vriend en leraar sinds 1993, Steve Williams,
die tijdens veel zware ronden en prachtige
momenten aan mijn zijde stond,
de schrijvers Pete McDaniel en Guy Yocom,
fotografen Dom Furore, Stephen Szurlej en Jim Moriarty,
Golf Digests hoofdredacteur Roger Schiffman en
vormgeefster Judy Turziano.

ALLE BEGIN IS MOEILIJK

Golf is een reis zonder einde.
Voor we beginnen zouden we dan ook eerst eens moeten kijken waar we al geweest zijn.

HOE TE BEGINNEN

DE ZUCHT NAAR KENNIS

Ik hou van golf omdat het een openhartige sport is, een sport die genadeloos met je af kan rekenen, maar je ook vorstelijk belonen kan. Golf is puur, eerlijk, recht door zee en opscheppers vallen door de mand. Altijd. Golf moet je het hof maken, langzaam, met oneindig veel geduld. Iedere andere strategie stuit op een dusdanige muur van onbegrip, dat het volwassen mannen en vrouwen kan laten janken van verdriet.

Aan de andere kant kan golf je ook z'n zwakke kanten tonen. Daarom blijven we verliefd, blijven we hopen. Daarom ook laten we de ambivalentie - afrekenen, belonen - varen om met open ogen in de val te lopen. Keer op keer opnieuw. Golf kent geen favorieten. Wij echter blijven proberen. Hopen...

Zelf is mijn verliefdheid op het spel begonnen op het moment dat mijn vader me een club in de handen drukte. Ik ben enig kind en club en bal werden m'n maatjes. De gevoelens van eenzaamheid, van zoek-het-zelf-maar-uit, maakten de attractie alleen maar groter. Dat gold toen en dat geldt vandaag de dag nog steeds. En zeker niet alleen voor mij. Zo kan ik me uit gesprekken met twee van de grootste golfers van onze tijd - Arnold Palmer en Jack Nicklaus - herinneren, dat de sport op hen een even grote aantrekkingskracht uitoefende als op mij. Golf maakt je volkomen onafhankelijk van alles en iedereen. Het cliché dat jij het in je eentje opneemt tegen de baan is ook maar ten dele waar. Als het er werkelijk op aan komt speel je tegen niets of niemand anders dan jezelf. Jij alleen kan en moet het lef hebben om onder bepaalde omstandigheden een bepaald schot te spelen. Er is er maar een die uitmaakt hoe en er is er maar een die het 'vonnis' voltrekken kan. Jij.

Golf is de spiegel die je toont wie je bent, de enige spiegel die je niet om de tuin kan leiden. Nooit. Al blijven we het proberen.

Toch gaat het soms zo makkelijk dat we het nauwelijks kunnen geloven. Iedere swing voelt natuurlijk aan, iedere bal eindigt daar waar je hem hebben wilde. Die valse schijn van veiligheid, iedere golfer heeft het ooit wel eens ervaren, is een belangrijk onderdeel van de verleiding. We weten immers dat het nooit lang duurt, dat we direct daarna weer bij voortduring op de rand van de afgrond balanceren. Dat we weer menselijk zijn, dat golf geen spel is van absolute perfectie. Gelukkig ook maar, als we allemaal rondjes van 18 zouden kunnen spelen, zouden we al snel naar een andere uitdaging uitkijken.

JONG, GRETIG EN RUSTELOOS

Vanaf het allereerste begin zijn alle facetten van het golf me bijgebracht. Zo leerde ik dat het veel meer inhoudt dan de bal alleen maar te slaan, te vinden en opnieuw te slaan. Het is een voortdurend leerproces geweest en al die ervaringen zou ik voor geen geld ter wereld hebben willen missen. Ik heb geleerd dat de basisprincipes - zoals nooit de controle verliezen door de club tijdens de backswing te ver door te laten zwaaien - essentieel zijn om het spelletje goed te kunnen spelen. Ook heb ik ontdekt dat vroege successen mijn zelfvertrouwen niet alleen hebben gestimuleerd, maar me ook een voorsprong hebben gegeven bij het spelen van toernooien. De prijzen waren natuurlijk ook leuk, even leuk én cool als de ontmoeting met en het krijgen van een handtekening van de legendarische Sam Snead.

De grote Ben Hogan, iemand die zelden of nooit overdreef, heeft ooit gezegd dat hij in zijn beste week slechts vier perfecte schoten had. Dat moet ik nog maar zien te halen. Zo had ik in 2000 wereldwijd 12 overwinningen, waaronder 3 Majors, en ik kan me slechts één schot herinneren dat ik als perfect zou willen of kunnen bestempelen. Het was een schot met een houten-3 op de 14de van St. Andrews en het was tijdens de derde ronde van het Britse Open. Er lag maar weinig gras onder de bal, maar ik moest wel een draw (een van rechts naar links-balvlucht, EvGdN) slaan tegen de wind in, die van links naar rechts ging, terwijl ik naar een 240 meter verderop gelegen green moest die weer bewaakt werd door een stel venijnige potbunkers (kleine, diepe bunkers, EvGdN). Ieder schot dat ik sla, ook dit dus, zie ik eerst voor me, zowel vlucht als landing. Omdat dit een blind schot was, nam ik een tv-kraan in de verte als richtpunt. De bal bleef perfect op lijn en deed daarna ook precies wat ik verwacht had. Dit soort bijzondere schoten of momenten blijven je altijd bij, waardoor je ze op kunt roepen als je ze nodig hebt. Ze kunnen dan ook het verschil uitmaken tussen winst of verlies, zo belangrijk zijn ze.

Er zijn van die dagen dat het spel zo verschrikkelijk moeilijk lijkt, dat je je afvraagt of het 't eigenlijk allemaal wel waard is. Het heeft me ook beslist even gekost om te begrijpen waarom het op sommige dagen wel gaat en op andere niet. Het is natuurlijk gewoon zo dat je lichaam iedere dag iets anders aan-

Eerbied voor hen die deze grote sport gemaakt hebben tot wat hij nu is, zie ik als een van mijn verantwoordelijkheden.

Ik ben van nature een verlegen mens en voel me op de golfbaan nog het meest op mijn gemak. Naarmate ik echter meer win, worden de persconferenties na afloop van de ronde prettiger en prettiger. Soms zijn ze zelfs gewoon leuk.

Ik verveel me maar zelden op de baan, maar als ik het doe vind ik altijd wel een creatieve oplossing. Deze is nog goed voor de hand/oog-coördinatie ook.

Toen ik nog een student was op de universiteit van Stanford, bracht de putter me dikwijls succes.

voelt en de golfswing luistert zo precies, dat zelfs de kleinste, onbewuste, verandering een grote afwijking tot gevolg kan hebben. Een of twee graden verschil kan zo maar vier tot zes meter schelen. En al is, of beter gezegd lijkt, dat niet veel, in het precisiespel dat golf heet is het dat wel. Maar ja, we hebben allemaal van die dagen dat het niet gaat zoals we graag zouden willen. Zo was de laatste dag van een groot universiteitstoernooi in 1996 op The Honors Course van Ooltewah in Tennessee er een die ik nooit meer vergeten zal. De eerste drie dagen had ik een rookgordijn opgetrokken, de vierde viel ik door de mand. Gelukkig stond mijn naaste belager op 9 slagen, zodat die laatste ronde van 80 me niet het kampioenschap kostte. Ik had geluk gehad, wist ik, maar ik voelde me eerder overlevende dan kampioen.

Een zoektocht naar succes in golf is een zoektocht naar evenwicht. Heb je dat gevonden en kun je het feit accepteren dat het een spel is van ups en downs dan ben je een heel eind. Het vinden van de

Ik ben nooit bang geweest om mijn succes te vieren en mijn vreugde of emotie te tonen.

Teleurstelling is een wezenlijk onderdeel van het spel, de manier waarop ik ermee omga is bepalend voor mijn kwaliteit als speler.

juiste balans is een kwestie van vallen en opstaan, van pars en double bogeys, van ontdekken wat voor je werkt en wat niet. Het verschil tussen golf en de meeste andere sporten is dat iedereen met een gemiddelde intelligentie en coördinatie goed kan leren spelen. Wel moet je dan ook alles geven wat je hebt. Dat, tenminste, is altijd de opdracht geweest die ik mezelf heb meegegeven. Want ook ik ben begonnen als een blanco blad. Door toedoen van mijn eerste leraar, m'n vader, werd dat blad langzaam maar zeker beschreven. Ik zoog zoveel mogelijk informatie op als ik maar kon en door zelf te experimenteren vond ik uit wat goed voor me was en wat niet. Mijn vader gaf me veel fantastische lessen, zowel golf- als levenslessen. Zijn beste advies was om altijd en overal mezelf te blijven, en dat is meteen de eerste les die ik via mijn boek aan u doorgeef. Ik heb het boek ook niet geschreven als een ultiem geneesmiddel tegen alle kwalen - lees toppers, air shots en wat dies meer zij - maar als een eerbetoon aan mijn ouders' ideaal van 'zorgen en delen'. Vrij vertaald: als je om iemand geeft, deel je je dierbaarste bezittingen met hem of haar.

In dit boek zal ik met u een leven - al is het nog kort - van kennis delen: kennis van de mooiste sport ter wereld. Ik ben ervan overtuigd dat het u helpen zal om, naarmate u beter zult gaan spelen, nog meer vreugde en voldoening uit het spel te halen dan u al doet. Is golf immers niet in vele opzichten een microkosmos van het leven? Toont het ons niet de diepste dalen en hoogste bergen van ons karakter? Golf vraagt om integriteit, het bevordert de kameraadschap en komt de gezondheid ten goede. Het is zoveel meer dan een goed geslagen ijzer of een uitgeholede putt. En nee, een spel van perfectie is het niet, van realiteitszin des te meer. Het vraagt om geduld en uithoudingsvermogen en er is geen sluiproute naar het doel. Mijn vader plachte te zeggen: wat je erin stopt krijg je er ook weer uit, en hij had gelijk. Toen mijn leraar, Butch Harmon, en ik niet tevreden waren met mijn swing in 1998, liet hij me soms wel een half uur lang één enkele beweging herhalen. Ik werd daar zo moe van dat het leek of mijn armen van mijn lichaam zouden vallen. Maar ik hield vol, net zo lang tot die bepaalde beweging opgeslagen was in mijn spiergeheugen. Geduld en oefening betalen zichzelf altijd uit.

En datzelfde geldt voor het aandachtig bestuderen van de technieken in dit boek, technieken waar iedereen die beter wil gaan golfen ongetwijfeld baat bij zal hebben. Dit boek is ook anders van opzet dan andere boeken, we beginnen op de green en eindigen op de tee. Zo, van de kleinste club naar de grootste, heeft mijn vader het mij geleerd. De instructie verenigt alle praktische elementen van het spel voor alle spelers: van jong tot oud en van lage

MOUNT GOLF
FALLING ROCKS

IETS TERUG DOEN

Mijn ouders zijn altijd mijn beste leermeesters en trouwste fans geweest. Ze hebben me van jongs af aan met raad en daad terzijde gestaan en ik heb geleerd ze te vertrouwen en in ze te geloven. Het geven van golfinstructie vergelijk ik met de opvoeding in de relatie tussen ouder en kind. Ik probeer mijn leerlingen zover te krijgen dat ze de doelen in golf nastreven die ik belangrijk vind. Ik zie het dan ook als een verplichting om mijn kennis met anderen te delen: zo ben ik opgevoed, zo geef ik het zelf weer door.

Neem het advies van een leraar nooit te licht op, zeker niet als de ervaring heeft bewezen dat het goed is.

Als ik ook maar iemand in deze sport, die mij zoveel gegeven heeft, kan helpen, zou dat een passende erfenis zijn aan al degenen die mij geholpen hebben.

tot hoge handicap. Verspreid door de tekst staan de zeven geheimen - van het fysiek sterker worden tot de juiste mentale hardheid - die ik heb gebruikt om mijn eigen spel naar een hoger plan te tillen. Ik ben er van overtuigd dat ze ook voor u kunnen werken.

Uiteindelijk is golf niets anders dan een ontdekkingsreis door de wereld van de kennis, die van de golfkennis wel te verstaan. Hopelijk kan dit boek u helpen bij het ontdekken van uw eigen spel - krachtig maar precies, vast en toch opwindend, bestand tegen druk maar nooit of te nimmer gespeend van plezier. Veel plezier. Tenslotte, ook al willen we dat nog wel eens vergeten..., is dat de enig echte reden waarom we spelen. Ik vergat dat plezier als junior ooit eens in Miami. Ik speelde in de Orange Bowl en stond met nog een ronde te gaan aan de leiding, toen ik ergens op de eerste negen een double bogey maakte. Ofschoon ik direct daarna nog steeds bovenaan het leaderbord stond, benam die double bogey me om de een of andere onverklaarbare reden het plezier in het spel. Het interesseerde me niets meer en ik gaf op. Zo maar. Ik haalde na afloop m'n tweede prijs op en pruilde de rest van de dag als een klein kind. Mijn vader heeft me ongelooflijk de les gelezen, waardoor ik later nooit meer 'zo maar' opgegeven heb. Integendeel, vanaf die dag realiseerde ik me pas goed hoe bevoorrecht ik was om te kunnen en te mogen golfen. De dag dat golf me in zijn greep kreeg koester ik, blijf ik koesteren.

Net zoals we blijven proberen. We moeten wel.

Dankzij het vinden van een geweldige instructeur en mijn eigen keiharde werk, kon ik mijn spel naar een hoger plan tillen.

HET KORTE SPEL

❖ ❖ ❖

Het was bepaald niet per ongeluk

dat ik golf leerde spelen van green naar tee

en niet andersom.

Tijdens mijn eerste Masters in 1995, ik zat nog op Stanford, werd ik behoorlijk verrast, zowel door als op de eerste green.

1

HET PUTTEN

ALS HET BALLETJE EENMAAL ROLT

Ik kwam in 1995 naar m'n eerste Masters met de gedachte dat ik kon putten. Zoals zoveel jongens van twintig had ik nog nooit een putt gezien die me niet beviel. Zowel als junior als later op de universiteit, kon ik ver komen met de putter als hij 'hot' was. Zo heb ik meer dan eens niet meer dan 21 putts gemaakt voor 18 holes, en ook onder druk leek ik niet te kunnen missen. Het deed er niet toe hoe lang de putt was; ik bekeek de lijn en sloeg, hard in het midden: hangen. Ik was agressief, vol zelfvertrouwen en had de 'touch' om het waar te kunnen maken.

Maar die donderdag op Augusta National schrok ik wakker en goed ook. Op de eerste dag stond ik op de allereerste hole over een 6 meter-putt voor birdie gebogen, en ik wist gewoon dat ik hem maken zou. Het was mistig weer en het regende licht, waardoor de greens wat langzamer zouden zijn dan normaal. Een stemmetje in m'n hoofd zei me iets harder te slaan; tenslotte was de oefengreen ook wat langzamer en ik was vastbesloten om aanvallend te spelen. Dus sloeg ik een fractie harder, zag de bal mooi vloeiend vertrekken, om vlak bij de hole gas terug te nemen, maar... stoppen deed hij niet. Tergend langzaam rolde hij een kleine meter voorbij de hole, leek een moment te stoppen, om uiteindelijk opnieuw te gaan rollen: harder en harder nog wel. Voor ik het wist was hij even later van de green verdwenen en zelfs toen stopte hij niet. Het publiek moest opzij stappen om de bal door te laten en tegen de tijd dat hij daadwerkelijk tot stilstand kwam, was ik niet alleen verder bij de hole vandaan, maar had ik ook een knap lastige herstelslag voor de boeg. Het was een vreemde gewaarwording. Zelfs mijn playing partner, verdedigend kampioen José Maria Olazabal keek verbaasd. En ofschoon ik zelf nog wat natrilde, was ik vastbesloten de verrekte hole tot een goed einde te brengen. Ik chipte de bal tot een kleine vijf meter van de cup, maakte de putt voor de bogey en wist tegelijkertijd dat ik nog veel te leren had.

Hoe meer ik weet van het putten, hoe gefascineerder ik raak van dat spel binnen een spel op de green. Het putten heeft me op zijn minst evenveel in zijn macht als het lange spel. Daarom oefen ik er ook zoveel op en kan ik er zelfs van genieten als ik een kleine - vaak tijdrovende - verandering in mijn putting stroke aan moet brengen. Ik hou van de uitdaging en, natuurlijk, van het speciale gevoel dat ik soms krijg als ik wéét dat ik een 12 meter-putt kan uitholen of 'dood' bij de cup kan deponeren.

Een goed hulpmiddel ter bevordering van het gevoel is het putten met gesloten ogen. Probeer na iedere putt te raden hoe ver de bal gekomen is. Voor mij is dit dé oefenstof voor afstandscontrole.

DE ALL-AMERICAN GRIP

Vandaag de dag zie je zo veel verschillende putting grips op de verschillende professionele Tours, dat het wel lijkt of er niet één 'standaard' manier is om de putter vast te houden. Misschien is die er ook wel niet. Het belangrijkste bij het putten - of het nu de grip, houding, stand of positie ten opzichte van de bal is - is het gevoel. Je moet je prettig voelen als je over de bal gebogen staat. Comfortabel. De putting stroke is ook geen moeilijke of gecompliceerde actie. Tijdens de stroke bewegen de handen nooit meer dan zo'n 30 cm in beide richtingen. De armen bewegen nog minder, het lichaam bijna helemaal niet en het hoofd ten slotte in het geheel niet. Het belangrijkste is dus om de putter zo vast te houden dat je je er prettig en ontspannen bij voelt.

Mijn putting grip is conventioneel en doodgewoon. Als je naar de lange geschiedenis van de sport kijkt en naar de grote spelers in het bijzonder, zul je zien dat de meeste van hen zo'n beetje mijn grip hadden. Ik ben dan ook blij dat zíj mij in mijn jonge jaren als voorbeeld hebben gediend.

De grip van de putter ligt onder de muis van mijn linkerhand. De meeste spelers vinden het prettiger om de grip meer in de palm van hun hand te houden, zodat de shaft (steel) dan gelijk loopt met de linkervoorarm. Mijn grip is in dit opzicht niet alleen uniek, ik krijg er ook nog wat meer gevoel door, terwijl mijn polsen meer bewegingsvrijheid krijgen.

EXACT VOLGENS HET BOEK

■ Een armband die ik ooit van een boeddhistische monnik heb gekregen en die ik vroeger droeg.

■ De rug van mijn linkerhand wijst naar het doel. Deze wat 'weke' handpositie weerhoudt de hand ervan om te veel te draaien tijdens de stroke.

■ De rug van mijn rechterhand loopt parallel met mijn linkerhand. De handen mogen niet met elkaar overhoop liggen tijdens de stroke. Doordat beide handen recht naar het doel wijzen, is het ook makkelijker om het clubblad recht op het doel te houden op het moment dat blad en bal elkaar raken.

■ De zogenaamde omgekeerd overlappende grip zorgt voor een aangenaam gevoel van eenheid tussen beide handen. Ofschoon de handen niet in elkaar strengelen, zal geen van beide handen een te dominante rol opeisen tijdens de putting stroke.

■ Mijn rechterduim ligt zodanig op de grip dat hij net iets onder mijn rechterwijsvinger blijft. Een stukje verder omlaag en mijn rechterhand en pols verstijven een fractie en kunnen niet meer vrijuit 'scharnieren'. Iets meer naar boven daarentegen zou ten koste van de controle gaan.

■ Mijn beide duimen liggen op de voorkant van de grip. De duimen zijn even gevoelig als de vingers en dus ook even belangrijk bij het krijgen van het juiste afstandsgevoel.

'ZACHTE' HANDEN

Op een dag in 1998 was ik samen met Butch Harmon op de oefengreen, toen Butch iets zag. "Als je nog iets harder in die putter knijpt," zei hij lachend, "valt de grip er nog af." Ik luister altijd naar Butch en verdomd, ik hield de putter zo stevig vast dat het bloed uit mijn vingertoppen stroomde. Ik probeerde de putter wat losser vast te houden, maar miste de controle die ik direct daarvoor nog wel had. Zelfs toen nog zei Butch dat ik te veel druk op de grip uitoefende.

Een paar dagen later kwam hij met een hulpstuk op de proppen. Hij bevestigde het aan de grip van m'n putter en vroeg me een paar keer te putten. Op het moment dat ik de putter met mijn normale grip vasthield en adresseerde, kwam er een harde 'piep' uit het apparaat. Ik verlichtte de druk, adresseerde opnieuw en weer begon dat verrekte ding te piepen. Ik werd er gek van! Toch, na verloop van tijd was ik wel in staat om ballen te slaan zonder het ding te activeren. Tot mijn verbazing putte ik behoorlijk goed met die nieuwe, lichte grip.

Maar, op de een of andere manier wilde ik

toch wel graag bevestigd zien dat deze wijze de juiste was. In het voorjaar van 1999 liep ik tijdens de Byron Nelson Classic tegen Ben Crenshaw op, misschien wel de beste putter ooit, en ik vroeg hem hoe stevig hij zijn putter vasthield. Ben vertelde me toen dat hij de putter zo licht vastpakte dat hij bij wijze van spreken bijna uit zijn handen viel. "Des te lichter je hem vastpakt, des te beter je in staat bent om het gewicht van de kop aan de andere kant van de shaft te voelen."

Dat was voldoende voor me. Ik bleef de putter zo losjes mogelijk vastpakken en voer er wel bij: dat weekend kwam ik binnen met 63 en 64 en ik won het toernooi.

HOE LICHT IS LICHT?

Ik zou zeggen dat de druk die ik op mijn putting grip uitoefen op een schaal van 1 tot 10 zo ongeveer 5 zal zijn. Dat mag misschien nog wat steviger zijn dan die van Ben, voor mij is het behoorlijk licht en mijn gevoel wordt er door verstevigd.

Als u problemen hebt met langere putts, of als de snelheid bij de korte putts met veel lijn niet goed is, let dan eens op de druk die u op uw grip uitoefent. Want, daar ben ik intussen wel van overtuigd: grip losjes en ze vallen bij bosjes.

VERBETER UW HOUDING

Bij het putten kunnen kleine dingen een groot verschil maken. Een van de voor mij heilige basisprincipes is de houding. En daar bedoel ik niet alleen de, zeg maar, automatische houding mee waarmee ik over de bal ga staan, maar ook de wijze waarop ik me direct voor en tijdens het aannemen van die houding ontspan.

Ik geloof in een vrij rechte houding bij het adresseren. Daardoor kan ik de lijn naar de hole beter zien dan bij een meer gebogen houding. En ook niet onbelangrijk: mijn armen kan ik daardoor losser en comfortabeler laten 'hangen', waardoor de spanning vermindert. Daarnaast creëer ik ook nog eens meer ruimte voor backswing én follow through.

GOEDE HOUDING.

BUIG NIET TE VEEL VOOROVER.

Nogal wat spelers gaan ervan uit dat ze zowel goede als slechte dagen op de green kunnen hebben en laten het oefenen dus maar voor wat het is. Fout: studie en oefening zorgen wel degelijk voor betere resultaten.

DE STAND: BEPAAL DAT ZELF

Omdat er maar heel weinig beweging in benen en bovenlichaam is bij de putting stroke, is de breedte van de stand meer een zaak van ontspanning dan iets anders. Er zijn spelers die vinden dat een bredere stand niet alleen voor meer stabiliteit zorgt, maar hen ook helpt bij het tegengaan van te veel lichaamsbeweging, het zogenaamde 'swaying'. Anderen vinden weer dat een minder brede stand hun een wat rechtere houding bezorgt, waardoor de lijn van de putt weer beter zichtbaar is. Ik heb in de loop der jaren wat variëteit in mijn stand aangebracht en putt nu goed uit beide - breed en gesloten - standen.

DE IDEALE POSITIE VAN DE OGEN IS PAL BOVEN DE BAL.

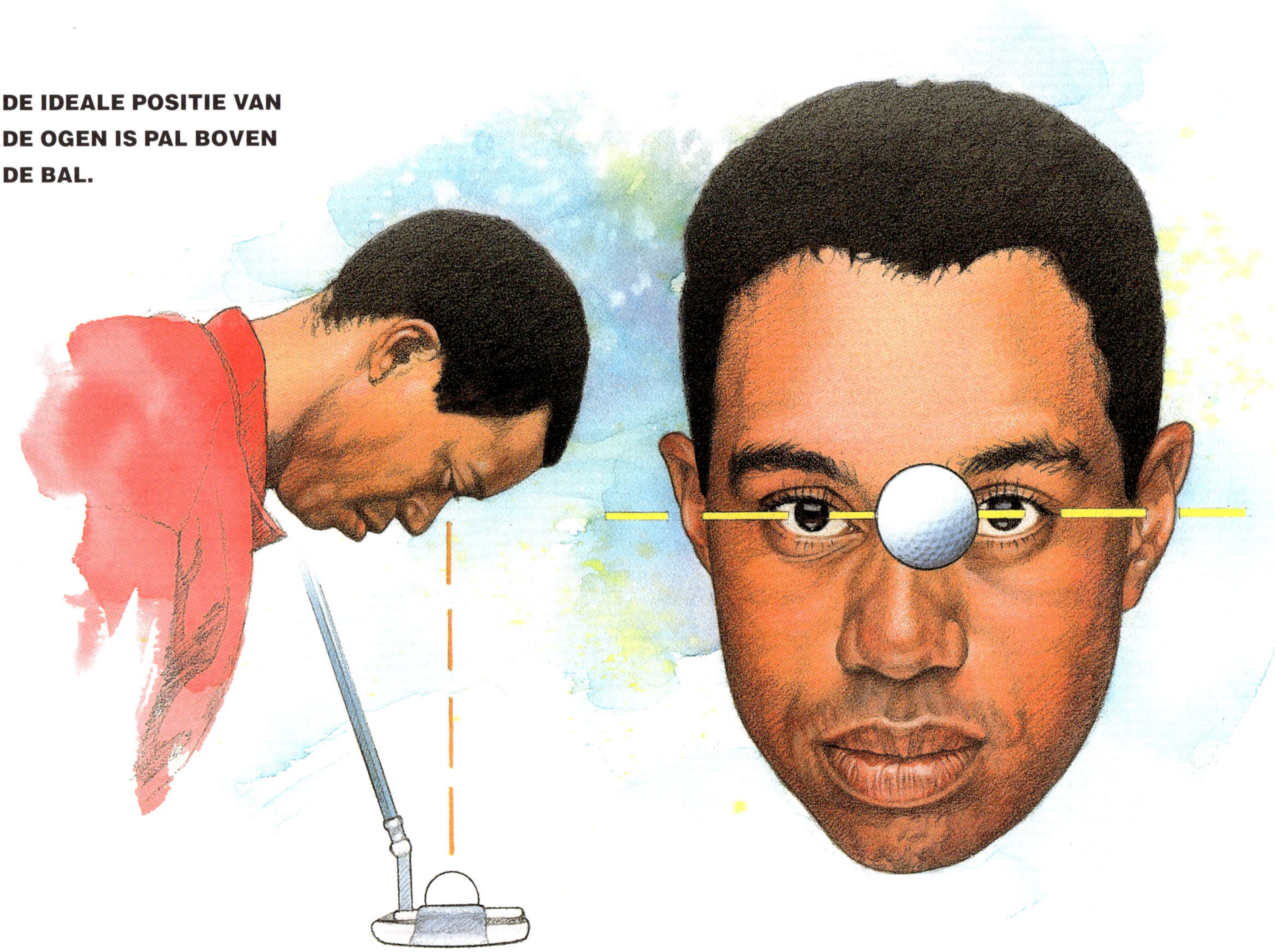

FOCUS OP DE OGEN

De positie van de ogen ten opzichte van de bal en de putting lijn is cruciaal. Als ik problemen heb om de bal op de juiste lijn te krijgen, bestudeer ik verschillende factoren.

■ Ideaal gesproken zijn hoofd en ogen pal boven de bal bij het adresseren. Die stand zegt u dat u op de juiste afstand van de bal staat, dat uw houding correct is en dat uw blik op de lijn van de te maken putt betrouwbaar is. Als u niet zeker van uw zaak bent, focus uw ogen dan heel licht binnen de lijn bal-hole. Als uw ogen namelijk licht buiten die lijn gefocust zijn, zult u veel ballen links van de hole zien eindigen. Tenzij u het putterblad natuurlijk zo weet te bespelen dat de bal toch op lijn blijft.

■ Het is overigens zonder meer acceptabel om hoofd en ogen heel licht achter de bal te positioneren bij het adresseren. Het zou trouwens moeilijk

UW OGEN MOETEN PARALLEL AAN DE LIJN VAN DE PUTT STAAN.

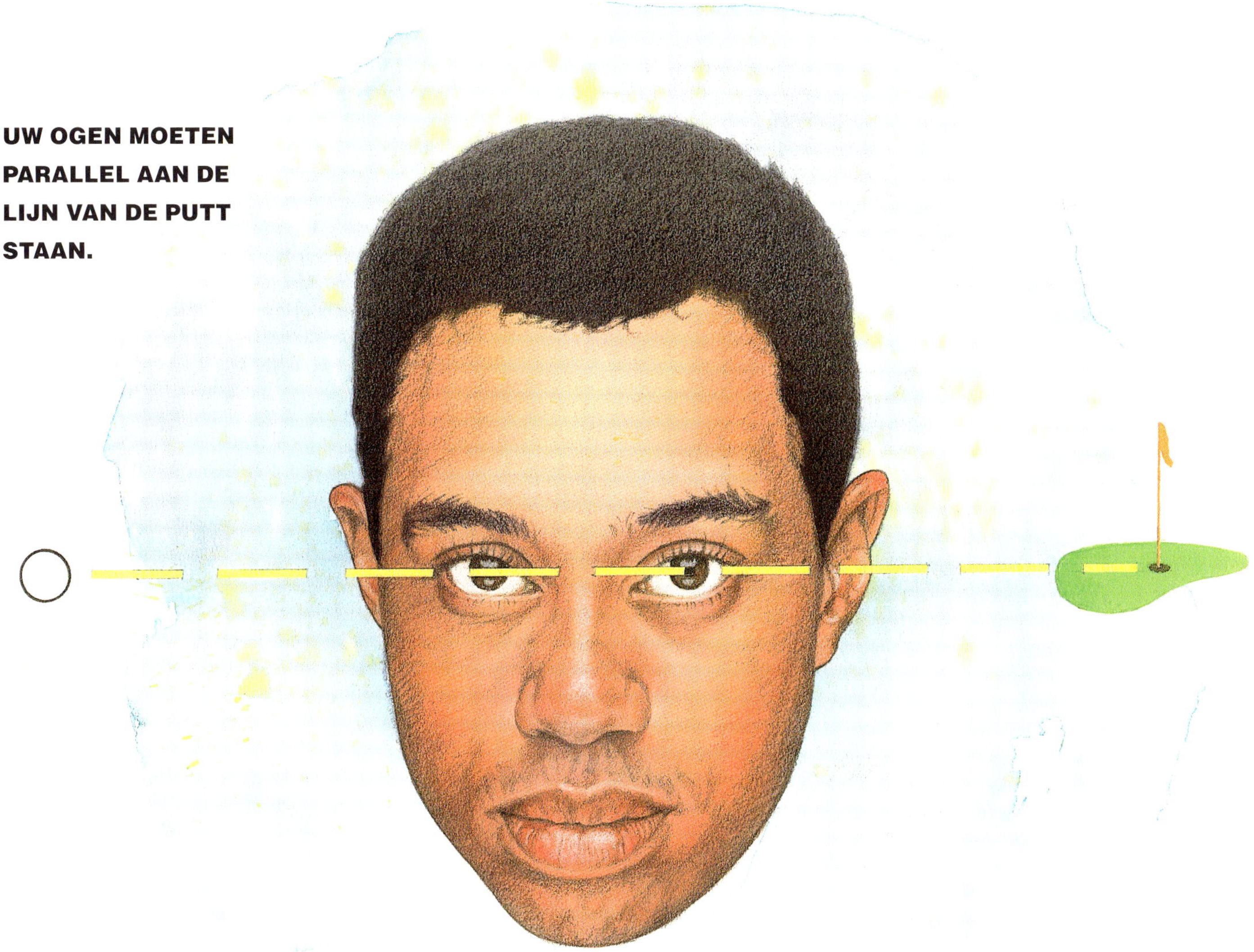

zijn om dat niet te doen als de bal - zoals veel spelers hem graag willen hebben - al iets dichter bij de linkervoet ligt dan bij de rechter. Mijn ogen zijn altijd een paar centimeter rechts van de bal gericht als ik naar beneden kijk; zo lijkt het net alsof ik de hole door het vizier van een geweer bekijk. Wat u beslist niet moet doen is uw ogen op een punt van de lijn vóór de bal richten.

■ Zorg er ook altijd voor dat uw blik parallel aan de lijn bal-hole loopt. Als u uw hoofd tijdens de adrespositie ook maar iets naar links of rechts beweegt, zult u het putterblad onbewust in de richting sturen waar u naar kijkt. Ik neem de klep van mijn pet altijd graag als richtpunt. Als die parallel aan de putting lijn loopt, weet ik dat mijn ogen dat ook zijn. Je moet die pet dan natuurlijk wel recht op je hoofd zetten!

GEBRUIK DEZELFDE PRE-PUTT-ROUTINE

Een goede putting stroke kenmerkt zich door een soepel en beheerst ritme en een vaste snelheid, de zogenaamde repeating swing. Een van de geheimen om dat te kunnen bewerkstelligen is ook al het andere even soepel en beheerst uit te voeren. Ik heb het dan vanzelfsprekend over uw pre-putt-routine, met andere woorden, de serie van dingen die u doet voor u daadwerkelijk de 'trekker overhaalt'. Het maakt niet uit wat die routines zijn - iedereen heeft zo zijn geheel eigen, al dan niet vreemde, maniertjes - als u ze maar iedere keer opnieuw op exact dezelfde wijze uitvoert. Het geheim van mijn

(A) Terwijl ik achter de bal sta neem ik de putt in zijn algemeenheid in me op; (B) ik loop naar de hole en bekijk de lijn van de zijkant om zodoende een eventuele glooiing waar te kunnen nemen; (C) ik bekijk de directe omgeving rond de cup; (D) ik loop terug naar de bal en ga er gehurkt achter zitten, waardoor ik de gehele lijn het beste in me op kan nemen; (E) hierna ga ik naast de bal staan en ik maak twee oefen-strokes; (F) ik zet eerst de putter achter de bal om pas daarná de juiste houding aan te nemen; (G) ik kijk nog twee keer naar de lijn en de hole en (H) ik sla de bal.

routine is dat ik nooit iets verander. Ik doe alles even snel, of langzaam, terwijl ook mijn denkproces altijd en ik bedoel altíjd hetzelfde is.

Mijn pre-putt-routine begint met een zorgvuldig onderzoek van de topografische bijzonderheden op en rond de green.

■ Als er bijvoorbeeld een vijver in de buurt is, weet ik dat de bal de neiging heeft naar die vijver toe te 'breken'.

■ Als ik daarentegen op een bergbaan speel, weet ik dat de bal weer van de hoogste top 'weg zal willen lopen'.

Pas nadat ik deze algemene factoren in ogenschouw heb genomen, ga ik de lijn van de putt bekijken. Om niet te veel tijd in beslag te nemen, doe ik veel van mijn pre-putt-routines als mijn medespeler(s) aan het putten zijn zonder hen daarbij te storen, maar dat spreekt voor zich.

EEN EN DEZELFDE SNELHEID VOOR BACKSWING EN FOLLOW THROUGH

Vanaf de tijd dat ik een klein ventje was - en ik bedoel vanaf zo'n jaar of vier - hamerde mijn vader voortdurend op één bepaald onderdeel van het putten: de snelheid voor backswing en follow through is altijd gelijk. Als u een putting stroke ziet die er mooi en soepel uitziet, dan komt dat doordat de putter teruggenomen wordt met een langzame, gelijkmatige beweging, om direct daarna met exact dezelfde snelheid en beweging naar de bal toegebracht te worden. Als u de slag van begin tot eind weloverwogen en ritmisch ten uitvoer kan brengen, is het ook nog eens vele malen makkelijker om het clubblad in de goede baan te houden. Iedere plotselinge verandering in clubbladsnelheid, zeker in de forward stroke is funest voor een goede afloop.

LAAT UW DOMINANTE HAND OOK ECHT DE BAAS ZIJN

Ofschoon beide handen er voor moeten zorgen dat de putter mooi gelijkmatig heen en weer reist, heeft uw dominante hand toch een speciale verantwoording. Als u rechtshandig bent zoals ik, is het gevoel in die hand gewoon beter ontwikkeld dan in de linker. Juist daarom moet die sterkere hand een, zeg, aangepast gevoel voor de juiste snelheid en ritme bijgebracht worden aangezien hij anders een te dominante rol zal gaan spelen.

Daarom putt ik op de oefengreen van tijd tot tijd graag alleen met mijn rechterhand om die hand het juiste gevoel bij te brengen. De pols van die hand mag dan wel iets meer 'scharnieren' dan die van twee handen om de grip.

De putter voelt zwaarder aan als u hem met één hand vasthoudt in plaats van twee. Als u de putter heel licht en losjes beetpakt, krijgt u het gevoel dat het clubblad, met slechts een heel klein beetje kracht van uw rechterhand, bijna als vanzelf van achteren naar voren zwaait.

Het model putter dat u gebruikt doet niet ter zake. Het belangrijkste is dat u een putter kiest die en prettig in de hand ligt en u, alleen al door er naar te kijken, vertrouwen schenkt.

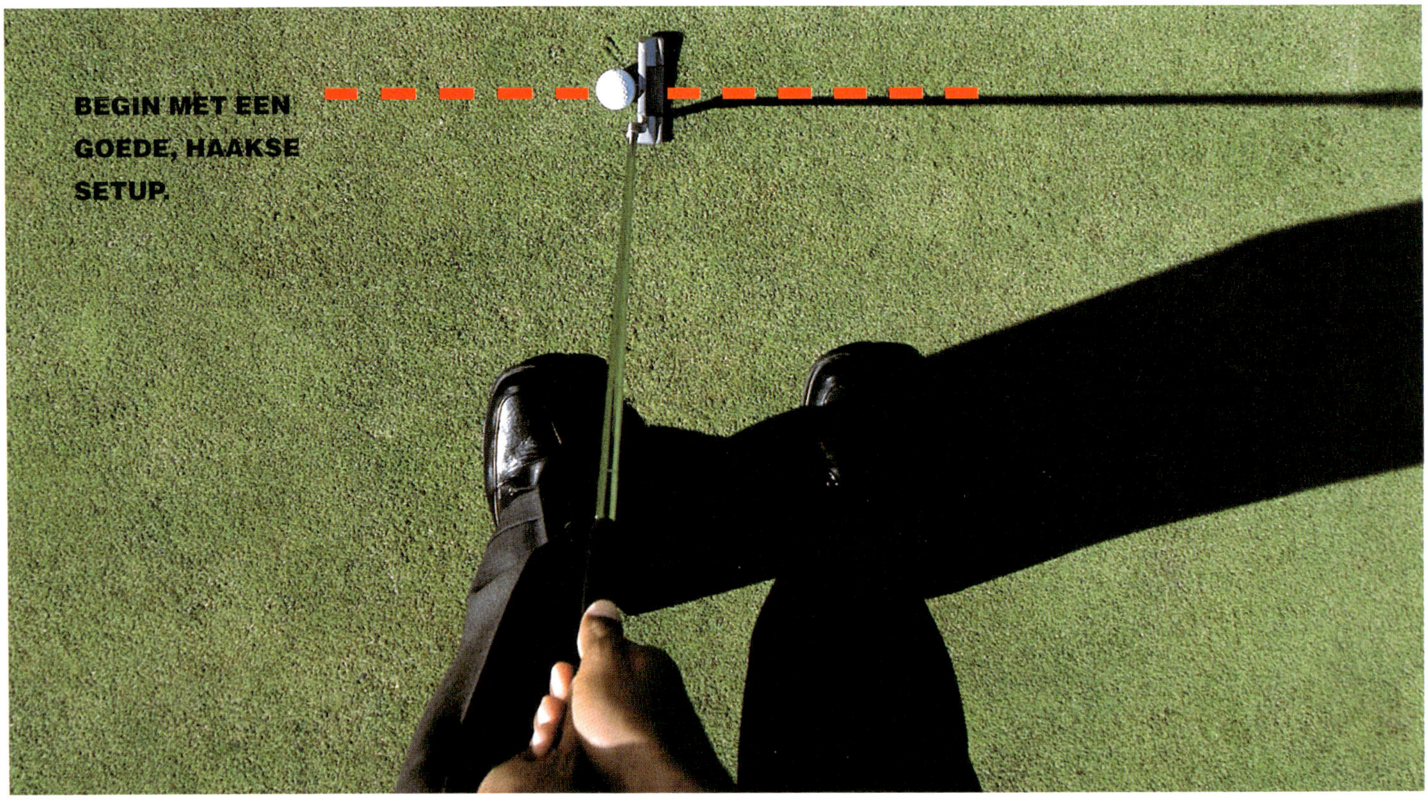
BEGIN MET EEN GOEDE, HAAKSE SETUP.

TE VEEL VAN BUITEN NAAR BINNEN: EEN VEEL VOORKOMEND PROBLEEM.

HET BELANG VAN DE SWINGBAAN

Als u de putter eenmaal haaks op het doel heeft opgelijnd, is het daarna van het grootste belang om hem ook weer in dezelfde positie terug te brengen op het moment van impact. De beste manier om dat te doen is om de putter langs de zogenaamde swingbaan recht naar achteren te zwaaien, om hem vervolgens langs diezelfde baan weer recht naar de bal toe te brengen. En ja, ik weet het, dat is makkelijker gezegd dan gedaan. Butch zei me eens toen we op de oefengreen bezig waren dat ik te veel van buiten naar binnen sloeg. Ik had al een tijdje slecht geputt en wist nu ook waarom. Butch legde me destijds uit dat als je dat doet, je wel gedwongen bent om het putterblad op het moment van impact op een agressieve wijze weer recht tegen de bal te krijgen. Die manier van putten heeft vanzelfsprekend veel pulls, naar links, en pushes, naar rechts, tot gevolg, om van enige controle op de snelheid maar te zwijgen.

Maar de oplossing had Butch natuurlijk ook. Hij ging achter me staan en plaatste zijn eigen putter een fractie binnen mijn swingbaan. "Oké, putten maar," zei hij. Dat deed ik en wat gebeurde er? Precies, tijdens de backswing raakte ik zijn putter met de mijne. Dat gebeurde nog een paar keer, tot ik de putter tenslotte recht naar achteren kreeg en ik vrijwel onmiddellijk daarna ook weer beter ging putten. Die rechte terug en vervolgens door-de-bal-heen-swingbaan is vooral belangrijk bij putts van twee meter en minder, als je de bal dus niet te hard raakt. Bij langere putts maakt het veel minder uit.

DE LENGTE VAN MIJN (BACK-) STROKE, DUS NIET EEN PLOTSELINGE KRACHTSEXPLOSIE VAN DE HANDEN, BEPAALT DE LENGTE VAN DE TE MAKEN PUTT.

ZES SLEUTELS VOOR HET PUTTEN

■ *Dezelfde lengte voor backswing en follow through*
Een belangrijke sleutel voor snelheid en ritme is het aanhouden van dezelfde lengte bij backswing en follow through. Als ik de putter bijvoorbeeld slechts een centimeter of tien terugbreng voor een putt van zes meter, zal ik niet alleen de swingsnelheid drastisch op moeten voeren, maar de follow through zal ook verlengd moeten worden.

■ *Schouders en armen doen het, meeste, werk*
De meeste beweging zit in de schouders en armen. Samen voeren ze één en dezelfde vloeiende beweging uit. Het is dan ook belangrijk dat ik mijn armen niet te ver van lichaam en schouders afhou, terwijl ik mijn handen zo stil mogelijk dien te houden tijdens de swing.

■ *De polsen mogen licht scharnieren*
Niets is erger dan een putting stroke die vrijwel in z'n geheel door de handen wordt uitgevoerd. Er is te veel beweging in het putterblad en onder druk valt u met deze wijze van putten keer op keer door de mand. Zelf beteugel ik handen en polsen zo veel mogelijk tijdens de stroke.

De handen mogen natuurlijk ook weer niet 'bevriezen'. Als uw grip licht is, zoals hij hoort te zijn, doen ze dat ook niet, want er is in dat geval altijd wel een licht scharnierende werking in de polsen. Dat geldt in het bijzonder voor lange putts, waar je en een langere stroke en meer clubbladsnelheid nodig hebt om de bal in de buurt van de hole te brengen. Echter: beperk het gebruik van de handen tot het strikt noodzakelijke.

■ *Armen en putter zijn één geheel*
In een ideale putting-wereld vormen puttershaft en linkervoorarm één geheel. Om dat te kunnen bewerkstelligen hoef ik bij het adresseren alleen mijn pols maar iets naar beneden te drukken. Door op die manier de hoek tussen clubshaft en voorarm als het ware te elimineren, vormen armen en putter niet alleen het gewenste geheel, tijdens de stroke doen zij ook alle drie hetzelfde.

■ *Een beweginglоos hoofd*
Iedere goede putter houdt zijn hoofd gedurende de hele putt volmaakt stil. Iedere slechte putter, de een wat meer dan de ander, beweegt zijn hoofd tijdens de stroke. Zo simpel is het. Als ik mijn hoofd ook maar een fractie beweeg, is het vrijwel uitgesloten om een rechte swingbaan te creëren of aan te houden. Het zal zelfs lastig zijn om de bal goed en solide te raken. Zeer waarschijnlijk zullen mijn schouders tijdens de follow through open gaan staan, met een van buiten naar binnen-swingbaan tot gevolg. Ik oefen er dan ook op om mijn hoofd volkomen stil te houden, zelfs als de bal al weg is.

■ *En, denk erom, niet gluren*
Als u ook maar een beetje bent zoals ik, wilt u zo snel mogelijk kijken wat de bal doet zodra u hem geslagen hebt. De neiging om te snel op te kijken maakt dat mijn hoofd gaat bewegen en dat leidt weer tot een slecht contact bij impact. Dat is nog niet alles: als je in je hoofd al bij de uitkomst van de putt bent, kun je je niet meer op de echte taak concentreren, de putt zelf.

Een effectieve manier om dit tegen te gaan is om op de oefengreen te oefenen met een gesloten linkeroog. Zodoende kun je de lijn van de putt en de hole zelf niet meer zien, waardoor het makkelijker is om tijdens het echte werk beide ogen naar beneden gericht te houden.

FORCEER NOOIT

Bij het putten is het gevoel het belangrijkst. Om een goed gevoel voor de snelheid van de te maken putt te krijgen, moet de stroke zelf zo makkelijk, soepel en natuurlijk zijn als maar mogelijk is. Als ik als een robot zou putten, stijf en mechanisch, zal ik afstand en snelheid nooit goed in weten te schatten, zeker als het langere putts betreft.

De punt mag de hak inhalen
Als ik mijn linkerarm redelijk dicht tegen mijn zij houd tijdens de follow through, zal het putterblad de neiging hebben om naar links te draaien nadat de bal geslagen is. Hierdoor zal de punt van het blad de hak als het ware voorbij streven. Ik maak me daar niet druk om. Het belangrijkste is en blijft het clubblad, dat haaks op de bal en het doel dient te staan op het moment van impact.

Blokkeer niet tijdens het maken van de swingbaan
Sommige spelers zijn zo bang voor pushes (rechts) en pulls (links), dat ze het clubblad met stijve, bevroren, armen kaarsrecht langs de swingbaan schuiven. Dit is natuurlijk een zeer onnatuurlijke actie, die noch voor een solide, haaks balcontact zorgt, noch voor een goede snelheid.

Van links naar rechts: het antwoord hierop is de putter als het ware 'vrij te laten' direct na het balcontact. Dat klinkt vreemd, maar als ik zeg dat men bij deze putt de neiging heeft om het clubblad naar rechts - naar de hole toe dus - te laten gaan, begrijpt u het waarschijnlijk beter. In dat geval namelijk wordt de hole vrijwel altijd aan de lage kant gemist. Houd uw hoofd naar beneden, heb vertrouwen in de door u gekozen lijn en laat de putter 'vrij'.

HOE GA JE OM MET DE LIJN IN SOMMIGE PUTTS?

Van rechts naar links: de meeste rechtshandige spelers hebben deze putt het liefst. Dat komt omdat de armen en handen van het lichaam af bewegen. Het is ook een meer natuurlijke reactie dan andersom als armen en handen direct na het balcontact meer naar het lichaam toegetrokken worden.

EEN LANGE PUTT BIJ DE HOLE

Ik ben alleen blij met een lange putt als ik een even lange par-5 met twee slagen heb gehaald. Niettegenstaande dat, putts van 12 meter of meer kom ook ik - zo gemiddeld eenmaal per ronde - tegen. Het doel bij een putt van deze lengte is natuurlijk het vermijden van een drie-putt. Drie-putts zijn dodelijk, om het maar niet over vier-putts of meer te hebben.

Maar goed, het doel is dus om die eerste lange putt dood bij de hole te krijgen, zodat de daaropvolgende tap-in een sinecure is. Ik mag de lat dan behoorlijk hoog leggen, maar toch is en blijft het een zeldzaamheid als ik een lange putt niet dood bij de hole kan krijgen. Er zijn, helaas, uitzonderingen. Op de laatste dag van The Masters wordt de cup op de 17de van Augusta National bijvoorbeeld altijd op links gestoken. Dat gedeelte van de green loopt sterk van links naar rechts af. Als je je approach dan ook op links slaat kun je het gevoeglijk vergeten; je krijgt je approach putt nooit binnen, zeg, een kleine drie meter van de cup. Tenzij je 'm holed natuurlijk!

◀ ***De lengte van mijn backswing en follow through is gelijk***
Dat is de beste manier om zeker te zijn van een soepele, ritmische slag met veel gevoel. Als mijn follow through iets langer is dan mijn backswing is dat geen probleem. Korter kan nooit: dan namelijk weet ik dat ik op het moment van impact ga versnellen om zodoende toch voldoende afstand te krijgen en dat is dodelijk.

▲ ***Terwijl ik naar de hole kijk maak ik een paar oefenslagen***
Op die manier concentreer ik me niet alleen, maar vormt zich ook een plaatje in m'n hoofd, waardoor ik 'in het echt' de juiste snelheid weet te creëren.

◀ ***Ik breng de putter met dezelfde snelheid van de bal af als er weer naar toe***
Het is belangrijk dat de putter versnelt op het moment van impact. Maar als ik kan voelen dat mijn putterblad zowel van de bal af als er naar toe dezelfde snelheid heeft, heb ik op het moment van impact versneld zonder er bij na te denken.

Een lange putt is zelden of nooit volkomen vlak
Hoe putt ik eigenlijk, uphill of downhill? Zodra ik de green nader, onderzoek ik nauwkeurig welke kant hoger is.

Ik bestudeer de laatste twee meter van de putt
De manier waarop de bal zich gedraagt vlak voor hij al of niet valt is cruciaal voor een goede afloop.

Ik probeer de bal altijd zo goed en solide mogelijk te raken
Als ik ook maar een centimeter naast de sweet spot (het precieze middelpunt, EvGdN) op het putterblad zit - wat niet echt moeilijk is bij een lange slag - kan ik zo maar 3 meter of meer tekort komen.

Ik vergeet de lijn niet!
Ik kan de snelheid van een putt nog zo goed beoordelen, als ik hem ook maar een halve meter push of pull, heb ik mezelf geen plezier gedaan.

Putt ik met de groei of 'grain' van het gras mee of er tegen in?
Als ik met de groei mee putt, krijg ik vaak wat extra afstand.

Als ik een helling in de green op of af moet putten, verdeel ik de putt altijd in twee onderdelen
Het is belangrijk dat de bal aan het begin van een aflopende helling met precies de juiste snelheid arriveert. Datzelfde geldt natuurlijk voor het omgekeerde, zodra de bal op de top van een oplopende helling komt moet hij nog voldoende snelheid hebben om de hole te kunnen halen.

WAT JE ZIET IS WAT JE KRIJGT

De meest memorabele putt uit mijn carrière blijft de ruim 9 meter lange putt die ik, op weg naar mijn 3de achtereenvolgende U.S. Amateur-titel in 1995, op Pumpkin Ridge 'begroef'. Ik stond in de finale over 36 holes tegen Steve Scott 1 down met nog 2 te gaan. Mijn approach naar de 17de was matig, waardoor ik een birdie putt van ruim 9 meter overhield. Ik las de putt zorgvuldig en ik was ervan overtuigd dat ik 'm zo'n 10 centimeter naar rechts op moest lijnen. Ik ben overigens nog nooit zo zeker van mezelf geweest als bij het lezen van die putt. Direct nadat ik geslagen had wist ik dan ook dat hij op de goede lijn vertrokken was. Toen hij viel was ik weliswaar opgewonden, maar niet echt verrast. Ik weet niet of er een moraal aan dit verhaaltje vastzit, wat ik wel weet is dat het zorgvuldig lezen van de lijn van een putt uw score altijd ten goede zal komen.

Het lezen van de green is een wetenschap op zich, in die zin dat je met natuurkundige factoren te maken hebt als de hellingshoek van een green en het type gras waar je op putten moet. Maar... kunst is het ook. Omdat ik over de hele wereld heb gespeeld, heb ik de meest uiteenlopende variaties in terrein, weersgesteldheid en grassoorten meegemaakt. Al die factoren beïnvloeden de loop van de bal. Hier zijn een paar praktische opmerkingen die u misschien van pas kunnen komen:

■ De green is over het algemeen 's morgens het snelst en 's avonds het traagst. Gras groeit snel, zo snel dat je dezelfde putt 's middags harder zult moeten slaan dan 's morgens vroeg. Maar zoals dat voor alle regels geldt, er zijn uitzonderingen. Toen ik het U.S. Open van 2000 op Pebble Beach won, werden de greens naarmate de dag vorderde sneller. 's Morgens waren de greens vochtig en langzaam, waarna de wind opstak, de greens droger en droger werden en dus sneller.

■ Leer om de groeirichting (grain) van het gras te lezen. Gras groeit nooit rechtop, maar buigt altijd de een of andere kant op. Grain is niet meer zo belangrijk tegenwoordig omdat de greens veel korter gemaaid worden. Vooral op Bermuda-gras echter speelt het nog steeds een rol. En nog een algemene regel: gras groeit altijd naar de ondergaande zon toe.

■ Wind kan wel degelijk van invloed zijn. Een golfballetje weegt maar weinig, een echt harde wind kan dus invloed uitoefenen, zelfs op de rol van de bal op de green.

■ Bal en green zoeken het water op. Als er een vijver dichtbij de green is, zal de bal geneigd zijn die kant op te rollen.

■ Bergen kunnen de boel flink voor de gek houden. Op een bergbaan kunnen zich vreemde zaken voordoen. Putts die kaarsrecht lijken kunnen opeens van hun lijn afwijken. De regel: kijk waar de hoogste top ligt en weet dan dat zowel green als bal de neiging zal hebben van de berg 'weg te willen lopen'.

VERKLEIN UW WERELD

Ik ben een paar jaar geleden begonnen met mijn handen als een soort klep over en rond mijn ogen te leggen bij het lezen van een putt. Ik doe dat niet om meer te zien maar juist minder. De PGA Tour kan behoorlijk wat publiek trekken en in zo'n massa mensen rond de green is altijd wel beweging te bespeuren. Soms leidt dat af en door met m'n handen die 'tunnel' te maken kan ik me beter op de lijn concentreren.

U heeft daar waarschijnlijk geen last van, maar afleiding - een greenkeeper aan het werk, een rondrijdende buggy, twee pratende vrouwen - is er altijd wel. Als u dergelijke concentratieproblemen heeft probeer mijn 'tunnelvisie' dan eens. Het verscherpt uw blik en helpt u bij het holen van meer putts.

2
DE KUNST VAN HET UITHOLEN

VAN DRIE SLAGEN TWEE MAKEN

Ik geloof niet dat ik ooit meer druk heb gevoeld, dan op de dag dat ons Western High School-golfteam tegen onze eeuwige stadsrivaal in het strijdperk zou treden. De high school-matches waren 9 holes-strokeplay en iedere score telde. Ik speelde goed en bereikte de laatste hole in 4 onder par. Maar de partij ging gelijk op. Toen ik zowel mijn coach als al mijn teammaatjes rond die par-3 negende zag staan, begreep ik dat de uitkomst van deze hole wel eens het verschil tussen winst of verlies uit zou kunnen maken.

Mijn afslag zeilde over de green, waardoor ik een lastige, downhill pitchslag uit lichte rough over hield. De bal lag goed en ik veronderstelde dat ik geen moeite zou hebben om een flop shot (hoge balvlucht, zachte landing, EvGdN) te spelen dat dicht bij de hole zou eindigen. Ik zou m'n par maken en het team voorgaan in de feestvreugde.

Ik nam mijn sandwedge, adresseerde, opende m'n stand en het clubblad, haalde diep adem, maakte een goede backswing, ging prachtig onder de bal door en... miste 'm volkomen. Was was er gebeurd? De ligging van de bal was té goed, waardoor ik er volledig onderdoor was gegaan.

Het volgende schot was moeilijker, want de bal lag nu dieper in het gras. Ik was meer kwaad dan bang, besloot toch opnieuw het risicovolle flopshot te spelen en... holede uit. Ik had mijn par gered en ons team de titel bezorgd.

Twee lessen, lessen die mijn vader er in al die jaren ingehamerd had, drongen toen pas echt goed tot me door. Ten eerste dat je korte spel - hoe magertjes je ook speelt van tee tot green - je ronde toch nog kan redden. De tweede les had natuurlijk met een goede beoordeling van de ligging van de bal te maken. Als ik die ligging destijds juist zou hebben beoordeeld, zou ik dat tweede schot nooit hebben gemist.

Toch heeft dat ene gemiste schot van destijds me voor eens en altijd duidelijk gemaakt, dat ik nooit het uiterste uit mezelf kan halen als mijn korte spel - waar veel meer in zit dan je denkt - niet voor de volle honderd procent in orde is.

HET DRAAIT OM DE STATISTIEKEN

In het seizoen 2000 heb ik goed gepresteerd in alle onderdelen van het spel. Omdat ik geen echt zwakke kanten ken, heb ik acht toernooien gewonnen, was ik 'leading money winner', kon ik drie Major-kampioenschappen op mijn conto bijschrijven, won ik de Vardon Trophy voor het laagste slaggemiddelde en ben ik tot Speler van het Jaar gekozen. En het was mijn korte spel dat daar het meest toe bijgedragen heeft.

In de Greens in Regulation-categorie werd ik eerste, door gemiddeld meer dan drie van de vier greens aan te spelen. Dat is iets onder 14 greens per ronde, mijn beste percentage ooit.

Ik eindigde ook bovenaan in de categorie Putting en juist die statistiek zegt heel veel. Als je namelijk veel greens in regulatie aan weet te spelen en je maakt de putts direct daarna, dan heb je ook veel birdies.

De Scrambling-categorie (zeg maar de 'Ik Worstel en Kom Boven'-categorie, EvGdN) waar ik derde in werd, was de echte afmaker en die categorie bewees me eens te meer hoe belangrijk het korte spel voor de scorekaart is. Als ik de green miste, holede ik in 67,1% van alle gevallen met twee slagen - de zogenaamde up and down - uit voor par of beter. Van de vier greens die ik dus per ronde miste, wist ik toch vanuit allerlei lastige situaties par of beter te maken. Als ik in die categorie niet zo goed had gepresteerd, zou ik niet alleen minder toernooien hebben gewonnen, maar ook veel minder geld, terwijl de Vardon Trophy zeker aan mijn neus voorbij was gegaan.

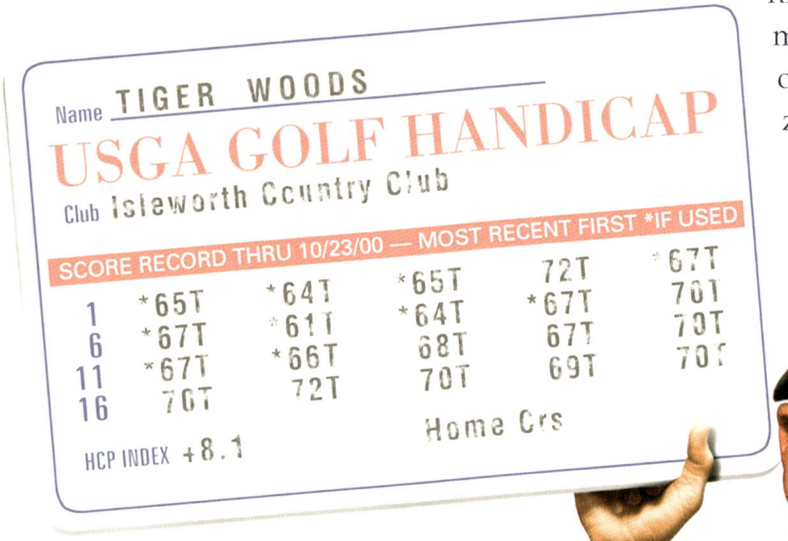

DE GEWONE CHIP: NIETS BIJZONDERS

Als u eenmaal een goede chipping techniek heeft ontwikkeld, is de strijd bijna gestreden. Of u nu uphill of downhill moet chippen, tegen een lange of korte chip aankijkt, tegen een goede ligging van de bal of een minder goede, om goed te kunnen chippen moeten de basisprincipes in orde zijn. Sommige slagen rond de green zijn lastiger dan andere, maar u kunt ze allemaal met dezelfde simpele techniek te lijf.

■ Ik zorg dat mijn handen iets voor de bal staan.

■ Ik gebruik dezelfde grip als bij de putter. Veel handactie heb ik namelijk niet nodig.

■ Ik zorg ervoor dat de bal iets meer naar mijn rechtervoet ligt. Ook daardoor wordt die eerder genoemde scherpere, benedenwaartse slag die ik maken wil wat makkelijker uitvoerbaar.

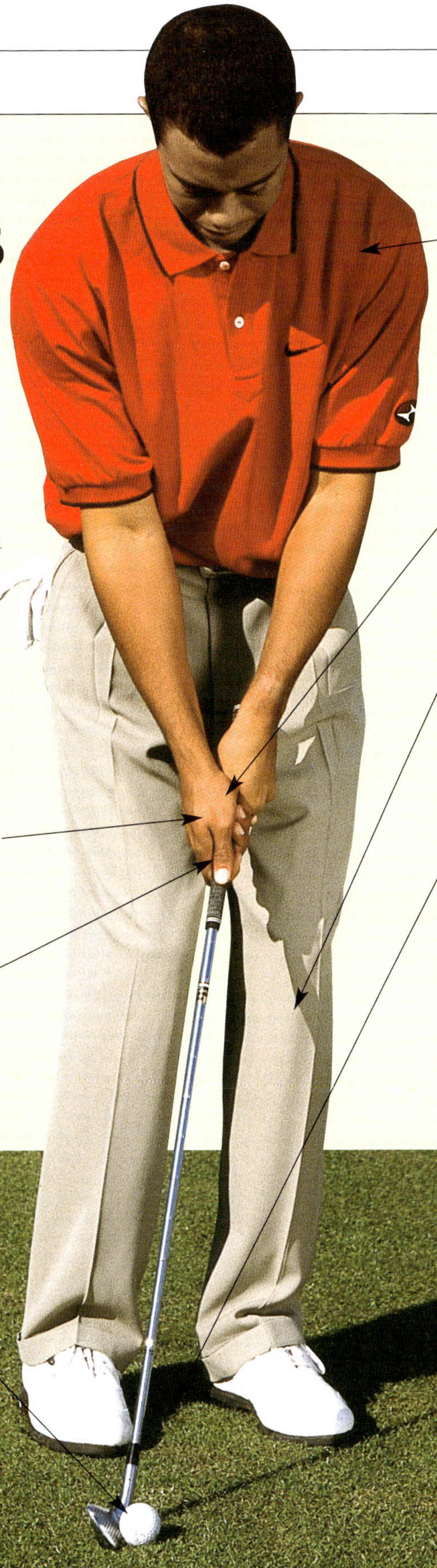

■ Ik leun iets naar het doel toe, waardoor ik de bal tevens met een scherpere, benedenwaartse slag kan attaqueren.

■ Ik grip de club wat lager om meer controle te kunnen krijgen.

■ Ik buig mijn knieën een beetje zodat ik m'n benen goed kan blijven voelen.

■ Ik zet mijn voeten dicht bij elkaar. Veel steun immers heb ik bij deze slag niet nodig.

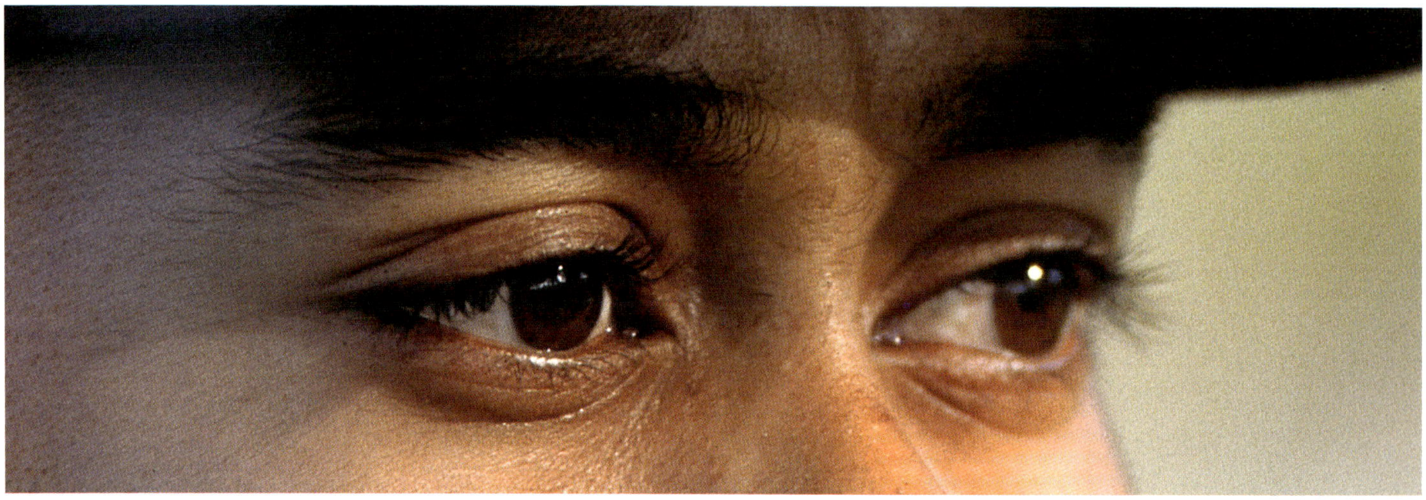

BEDENK HET SCHOT VOORAF

Evenals de putt moet de chip van tevoren goed gelezen worden. Ik wil ook niet alleen maar weten hoe de bal reageert nadat hij geland is, want om de afstand accuraat te kunnen controleren (veel moeilijker dan de bal de goede lijn meegeven) zal ik toch eerst de plek uit moeten zoeken wáár ik de bal wil laten neerkomen. Met die plek in gedachten vorm ik een plaatje in mijn hoofd, waardoor ik het schot al kan zien voor ik het ten uitvoer breng.

Nu pas ben ik klaar

■ Ik hou de club losjes vast en let er goed op dat mijn armen ontspannen zijn.

■ Ik open mijn stand, waardoor ik de lijn niet alleen beter kan zien, maar ook mijn arm/schouder-actie kan beteugelen.

■ Ik hou mijn kin hoog en m'n rug recht. Veel slechte chippers buigen zich veel te veel over de bal.

■ En, nogmaals, ik hou de club losjes vast bij het adresseren.

HOE IK HET SPELLETJE SPEEL

De chipping stroke op zich is heel simpel. Het is een makkelijke 1-2-actie, die meer door de schouders gecontroleerd wordt dan door de armen en handen en veel kracht is er niet voor nodig.

■ Ik start de backswing met mijn schouders en laat armen en handen volgen. Mijn armen mogen niet te ver van het lichaam af komen. Hoewel tempo belangrijk is, mag de slag niet te gehaast worden uitgevoerd en dat geldt zowel voor backswing als forward swing.

■ Onder alle omstandigheden zal ik proberen om de bal goed onderin te raken. Nochtans zal ik de club nooit helpen de bal de lucht in te krijgen, dat doet de loft (hellingshoek) van de club vanzelf.

■ De slag kan weliswaar kort zijn, het mag nooit een, zeg maar, hakbeweging worden en hij dient zo soepel en vloeiend mogelijk uitgevoerd te worden. 1 naar achteren en 2 weer terug. Tel maar eens mee met de slag. Lekker langzaam: 1-en-2, 1-en-2, 1-en-2.

■ De handen zijn en blijven ook altijd vóór de bal en... nogmaals: niet lepelen!

■ Ik hou mijn ogen op de achterkant van de bal gericht. Ook na het moment van impact blijf ik naar die plek kijken.

DE MEEST GEMAAKTE FOUT: HET (WEG)DRAAIEN VAN DE POLSEN

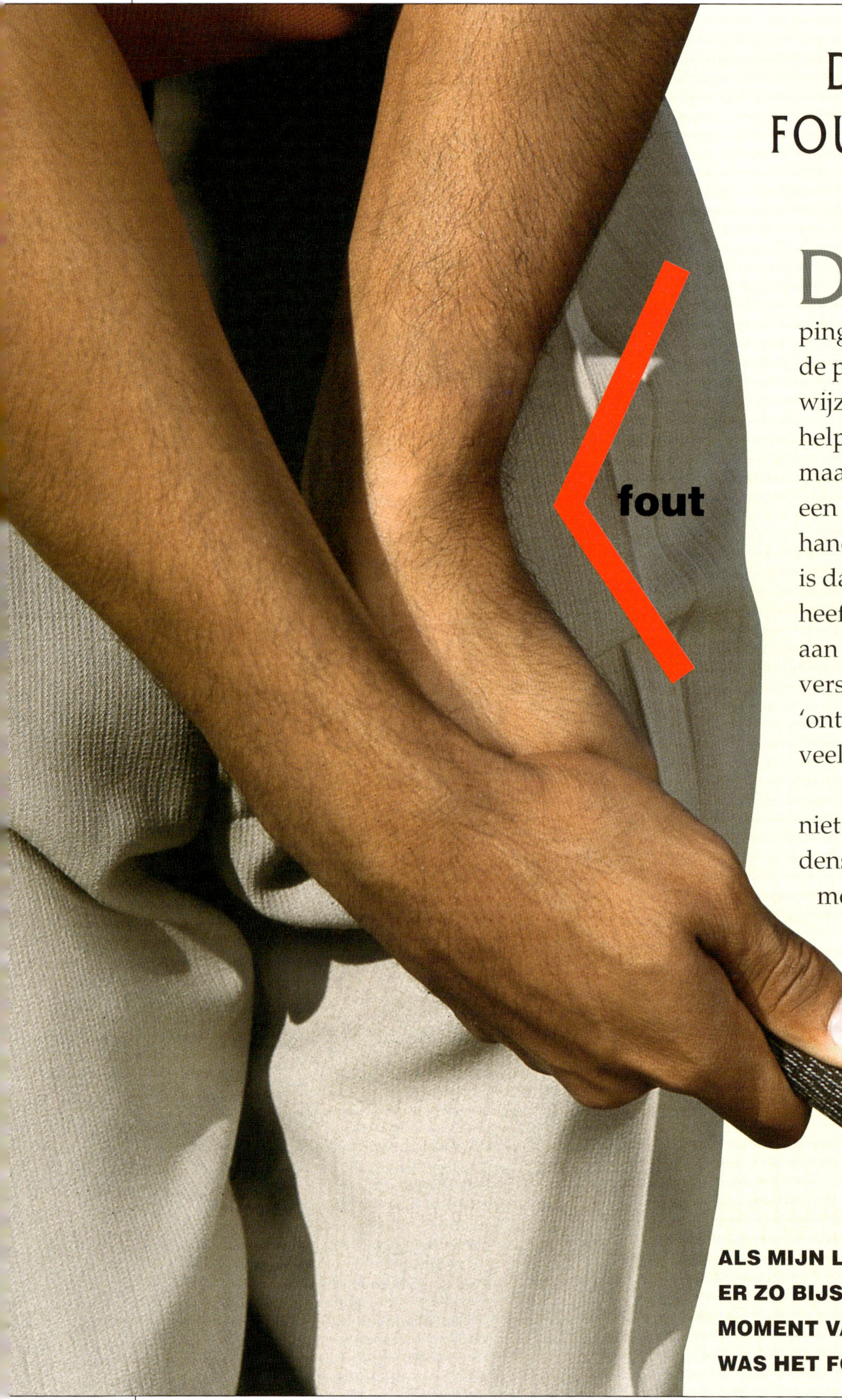

ALS MIJN LINKERPOLS ER ZO BIJSTAAT NA HET MOMENT VAN IMPACT WAS HET FOUT.

Dit onderdeel vraagt om een klein eigen hoofdstuk, want we gaan niet alleen de ergste chipping fout te lijf maar ook de meest gemaakte. Door de polsen al tijdens de downswing te draaien, ze wijzen omhoog, wilt u de bal eveneens omhoog helpen. Ik weet niet waar dit 'lepelen' door komt, maar het zou kunnen zijn dat u niet gerust bent op een goede afloop en club en bal dus graag een handje wil helpen. Wat er echter werkelijk gebeurt is dat de speler het clubblad al tegen de bal aan heeft, terwijl armen en schouders er nog achter aan komen zetten. Daardoor gebeuren de meest verschrikkelijke dingen, van getopte tot 'onthoofde' ballen en van veel te hoge (te kort) tot veel te lage (te ver) schoten.

Al naar gelang de lengte van het schot is het niet erg om uw polsen iets omhoog te draaien tijdens de backswing. Tijdens de downswing echter moeten de handen leiden, terwijl het clubblad pas op het allerlaatste moment vrij gegeven mag worden. Als u gewoon ontspannen bent en de downswing met uw schouders inzet, zal er niets aan de hand zijn en zult u op de meest natuurlijke wijze 'door de bal heen komen'.

IS DIEZELFDE LINKERPOLS DAARENTEGEN GESTREKT DAN ZAL HET RESULTAAT BIJNA ZEKER GOED ZIJN.

KIES UW WAPEN MET ZORG UIT

De beste korte spel-artiesten hebben een grote clubselectie voor die belangrijke slagen rond de green. Ze wijzigen de vlucht en lengte van de bal niet met het type slag dat ze gaan slaan, maar met de club.

Kort en goed, iedereen heeft zo zijn eigen, favoriete club voor welk chip shot dan ook. Mijn favoriet is een 56-graden sand wedge. Tijdens de laatste dag van de Million Dollar Challenge van 1998 in het Zuid-Afrikaanse Sun City, was ik met Nick Price in een hevige strijd gewikkeld. We scoorden die dag allebei buitengewoon goed en liepen weg van de rest van het veld. Op een gegeven moment maakte Nick op de tweede negen vijf birdies achter elkaar, terwijl ik op vier van die vijf holes een birdie wist te maken, om er op de volgende nog eentje aan vast te plakken. Toen we uiteindelijk op de 18de kwamen zat er nog één slag tussen, in het voordeel van Nick.

Hij sloeg zijn bal ook nog eens keurig op de green. Ik miste die green weliswaar, maar mijn bal lag wel dichter bij de hole dan die van hem. Nick moest dus eerder slaan en hij putte keurig tweemaal voor de par. Mijn bal lag in de fringe (voorgreen, EvGdN) op ruim negen meter van de hole, maar hij lag goed. Zo goed dat ik iedere club uit de tas had kunnen gebruiken die ik wilde. Ik aarzelde dan ook tussen een ijzer-8 en een sand wedge, maar koos ten slotte toch voor mijn trouwe wedge. Ik zocht een plek op de green uit om de bal te laten landen, werkte mijn routines af, ging achter de bal staan en sloeg. De bal landde exact op de plek die ik had uitgekozen, sprong eenmaal omhoog om daarna mooi langs de rechts/links-lijn naar de hole te rollen. Hij ging er midden in en de play-off, voor een cheque van één miljoen, was een feit. Nick - totaal niet van zijn stuk gebracht door die chip - won, maar ik denk dat ik mijn punt inmiddels wel duidelijk heb weten te maken. Wees nooit bang om uw eigen favoriete club te kiezen, al vraagt het type schot misschien om een iets andere club of loft. Als ú denkt het met die club aan te kunnen, neem hem dan!

HOE BEHANDELEN WE DE GREENSIDE ROUGH ?

Lang gras rond de greens werkt intimiderend op de meeste golfers en dat is goed te begrijpen. Voor mij is dit type schot een van de moeilijkste die er is, ook al ben ik er beter en beter in geworden. Zo ben ik tijdens het U.S. Open van 2000 op Pebble Beach meerdere malen in die ellende terecht gekomen, maar wist bijna iedere keer met een par te ontsnappen.

■ Ik gebruik voor dit schot m'n 60-graden wedge. Door dat lange gras neigt het clubblad zich tot sluiten en ik heb alle loft, dus hoogte, nodig die ik maar krijgen kan.

■ 60% van mijn gewicht zet ik op mijn voorste voet, de voet dus die het dichtst bij de green staat. Dat veroorlooft me om de bal met een steile, (mes)scherpe swing te attaqueren.

■ Ik hou de grip van de club, met mijn linkerhand in het bijzonder, steviger vast dan normaal. Nogmaals, de rough zal proberen om het clubblad dicht te draaien.

■ Tijdens de backswing sta ik tamelijk recht, terwijl m'n polsen abrupt omhoog komen.

■ Tijdens de downswing moet het clubblad een sterke benedenwaartse richting meekrijgen om de massa gras als het ware binnen te kunnen dringen. Als ik op de normale manier 'door de bal heen' zou slaan ben ik verloren.

■ Ik sla dermate scherp naar beneden dat er geen sprake kán zijn van een follow through.

DE CHIP MET DE HOUTEN-3

Ik heb dit schot, vroeg in de week van het U.S. Open van 1996 op Oakland Hills, van Butch Harmon geleerd en ik kan me geen ander schot voor de geest halen dat een grotere of directere invloed op mijn spel heeft gehad. De eerste keer dat ik het probeerde, het was tijdens de derde ronde op de laatste hole, holede ik de bal daadwerkelijk uit. Later dat jaar heb ik het in één en hetzelfde toernooi nog eens drie keer gedaan. Het is dan ook een schot dat veel makkelijker te spelen is dan de meeste golfers denken.

Wanneer spelen we dit schot?

De chip met de houten-3 is een goede keuze als uw bal in de fringe ligt, of in de lichte rough rond de green. Het schot ís zo effectief omdat de brede zool van de club vlak voor balcontact niet door de rough wordt afgestopt. Ook heeft de houten-3 net genoeg loft om de bal een stukje door de lucht te laten vliegen voordat hij op de green landt, om vervolgens als een putt verder richting hole te rollen. Het schot wordt wat risicovoller als u meer dan anderhalve meter van de green verwijderd bent, of als de bal diep in hoog gras ligt. Dus: onderzoek eerst de ligging van uw bal zorgvuldig voor u naar het houtwerk grijpt.

Zorg voor een goed contact tussen clubblad en bal

Terwijl ik mijn linkerhand zo ontspannen mogelijk hou, start ik de backswing zo laag mogelijk, waardoor de zool van de club het gras aanraakt. Ik gebruik mijn polsen om het clubblad mooi tegen de onderkant van de bal te kunnen krijgen, terwijl de rug van mijn linkerhand de swingbaan blijft volgen. Let wel: ik hak niet naar de bal, wat ik wel doe is het clubblad iets meer vaart meegeven dan normaal.

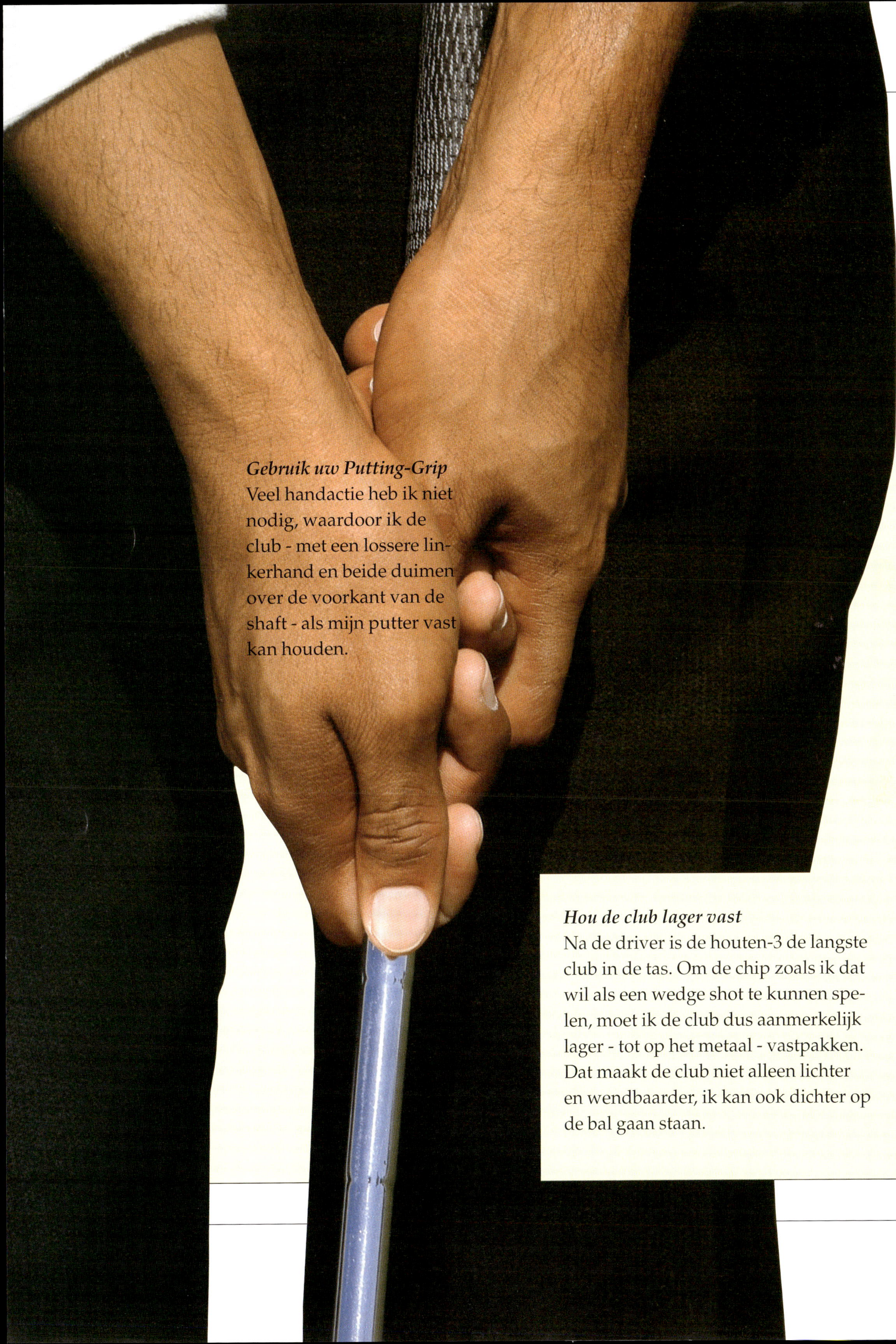

Gebruik uw Putting-Grip
Veel handactie heb ik niet nodig, waardoor ik de club - met een lossere linkerhand en beide duimen over de voorkant van de shaft - als mijn putter vast kan houden.

Hou de club lager vast
Na de driver is de houten-3 de langste club in de tas. Om de chip zoals ik dat wil als een wedge shot te kunnen spelen, moet ik de club dus aanmerkelijk lager - tot op het metaal - vastpakken. Dat maakt de club niet alleen lichter en wendbaarder, ik kan ook dichter op de bal gaan staan.

HET EEN-VOUDIGE PITCH SHOT

De pitch is geen lang schot, niettemin vergt het veel meer hand-, arm- en lichaams-actie dan de chip. Dat komt omdat u meer clubhoofdsnelheid nodig heeft om de bal in de lucht te krijgen. Eigenlijk is het niets meer of minder dan een miniversie van de volle swing. Zelfs uw onderlichaam speelt een rol doordat de heupen licht naar achteren draaien en weer terug, om zodoende de rotatie in uw schouders, armen en handen mogelijk te kunnen maken. Het is een delicate slag. Niet alleen moet u voldoende snelheid weten te creëren om het clubblad door het gras en onder de bal te krijgen, het mag ook weer niet zo snel zijn dat de bal als een raket over de green vliegt.

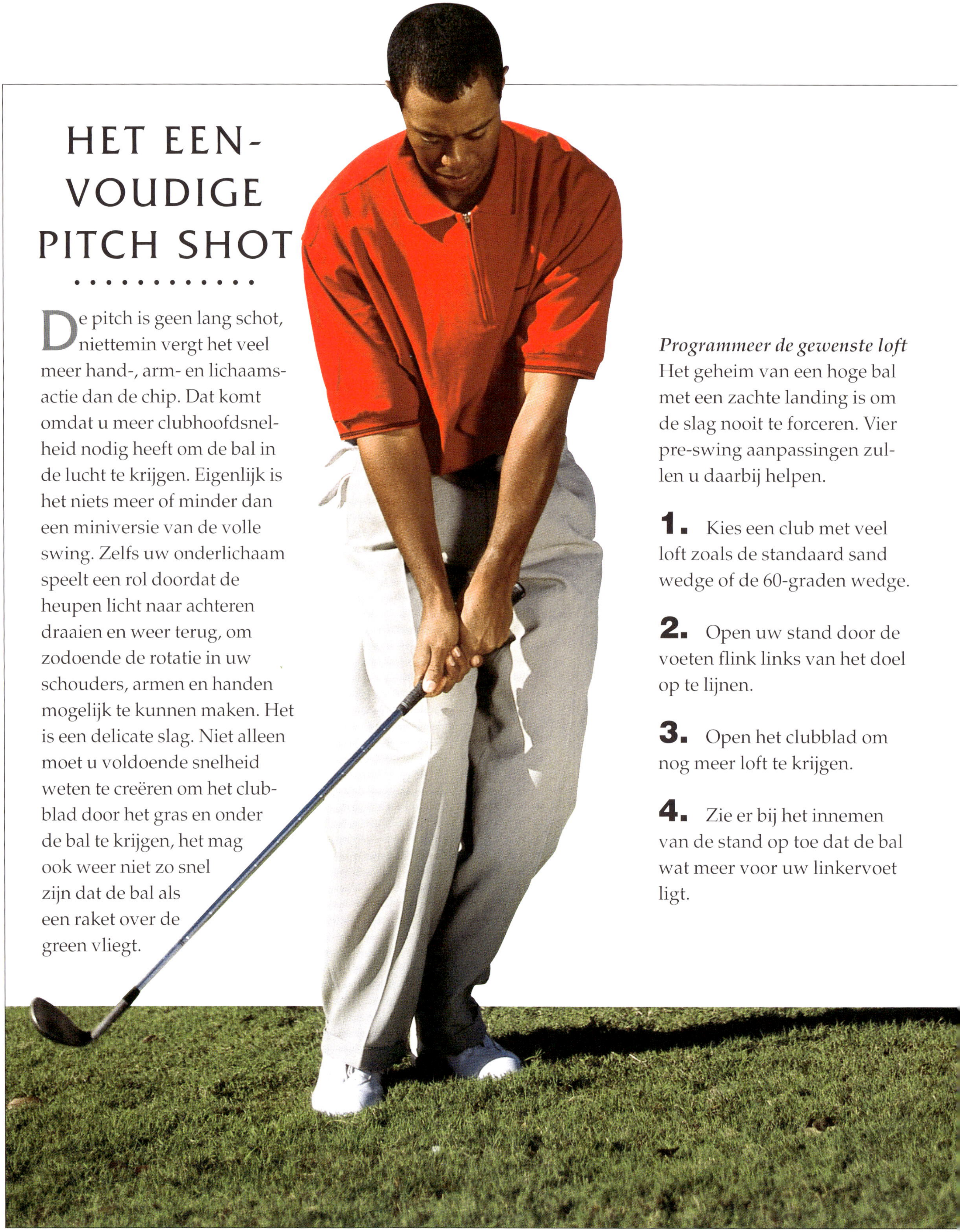

Programmeer de gewenste loft
Het geheim van een hoge bal met een zachte landing is om de slag nooit te forceren. Vier pre-swing aanpassingen zullen u daarbij helpen.

1. Kies een club met veel loft zoals de standaard sand wedge of de 60-graden wedge.

2. Open uw stand door de voeten flink links van het doel op te lijnen.

3. Open het clubblad om nog meer loft te krijgen.

4. Zie er bij het innemen van de stand op toe dat de bal wat meer voor uw linkervoet ligt.

Hou alles in beweging

Het belangrijkste bij de downswing is dat het clubblad goed onder de bal door gaat. Zo zie ik er op toe dat ik op het moment van impact eerder iets versnel dan stop. In dat laatste geval zal ik vermoedelijk net voor de bal in de grond slaan. Ook laat ik mijn armen en handen op het moment van impact nooit te ver doordraaien. Aan het eind van de follow through zal het clubblad, als alles goed gegaan is tenminste, op de hemel zijn gericht.

Concentreer u op de handen

De handen zijn bij het pitch shot veel actiever dan bij het chip shot. Ik maak mijn linkerhand-grip iets sterker door de hand bij de adrespositie een fractie naar links te draaien.

Daardoor zullen handen en polsen tijdens de swing ook wat meer bewegingsvrijheid krijgen. Het is cruciaal, zowel voor de mobiliteit als voor het gevoel, om de club niet te stevig vast te houden. De rest is makkelijk. Ik breng de club bij de backswing steil omhoog, waardoor mijn polsen vrijuit omhoog kunnen knikken. Let op mijn tempo, ik swing weliswaar niet voluit, maar de slag moet soepel en ritmisch worden uitgevoerd.

DE KORTE PUNCH

Een van de moeilijkste schoten om onder de knie te krijgen - eentje bovendien waar iedere golfer elke ronde zeker mee te maken krijgt - is de korte punch van zo'n meter of 30 van de green. Zoals ieder ander schot waar geen volle swing voor nodig is, moet u én een goede techniek én een zachte touch in huis hebben om dit schot uit de tas te kunnen toveren. Ik neem een stand in waarbij de bal iets uit het midden komt te liggen, waardoor ik goed op de bal in kan slaan. Mijn stand is minder breed dan normaal aangezien ik geen brede, stabiele basis nodig heb voor deze kortere swing. Aan het begin van de backswing hou ik het clubblad zo lang mogelijk vlak boven de grond, laag en wijd dus, terwijl ik er tevens op toe zie dat mijn linkerarm volledig gestrekt is. Ik vergeet ook nooit om zowel schouders als heupen licht te draaien.

DE BACKSWING IS LAAG EN WIJD.

DE ARMEN ZIJN NOG STEEDS VOOR MIJN LICHAAM.

Ik probeer nooit om alleen met mijn armen en handen door de bal te slaan, omdat ik daar de loft en de snelheid van het clubblad domweg niet mee kan controleren. Ik concentreer me simpelweg op het terugdraaien van schouders, armen en handen tijdens de downswing. Een lage, niet afgemaakte eindstand is mijn uiteindelijke doel: een finish waar ik mee bewezen heb dat de grote spieren de beweging hebben volbracht en niet de armen en handen.

Met deze basistechniek kan ik een groot aantal korte schoten spelen. Door een fractie dichter op de bal te gaan staan, kan ik met een van mijn sand wedges een hoog lob shot slaan. Door wat verder van de bal af te gaan staan en daarnaast een club met minder loft te kiezen, kan ik de lage bump-and-run slaan.

HET FLOP SHOT

Er is geen twijfel over mogelijk, het flop shot lijkt meer op Russische roulette dan op golf. Ik waag me er alleen aan als ik maar een klein stuk green voor me heb, of als het echt de enige manier is om de bal dicht bij de hole te krijgen. Maar toch, iedere golfer zou eigenlijk in staat moeten zijn dit schot te slaan als de situatie erom vraagt. En dat doet de moderne golfarchitectuur nog al eens.

Een open stand – Ik neem een open stand in bij het adresseren en hou het clubblad eveneens open, terwijl ik de bal vanaf mijn linkerhiel speel. Ik hou de club losser vast dan normaal, om zodoende tijdens de downswing veel handsnelheid te kunnen bevorderen. Ik hou van die wijde stand omdat een dergelijke positie me als het ware dwingt het schot met mijn bovenlichaam uit te voeren. Deze swing komt namelijk voor 90% op de schouders, armen en handen neer.

Een lange swing voor een kort schot – Tijdens de backswing ga ik dermate steil omhoog met de club dat mijn linkerpols en onderarm een V vormen, waardoor ik zeker weet dat ik op het moment van impact over de maximale loft kan beschikken. Zodra ik blad/bal-contact heb versnel ik en ik probeer het clubhoofd mooi onder de bal door te laten glijden. Ik wil geen hakkende beweging dus er volgt eveneens een volledige follow through.

Als ik uphill chip heb ik de vlaggenstok het liefst uit de hole. Bij een downhill chip daarentegen laat ik hem er graag in. Mocht ik de bal wat te hard geraakt hebben dan kan de stok altijd nog als 'cupkeeper' dienen.

Ik richt me op de punt van het clubblad

Een van mijn trucjes om de bal zacht te laten landen is hem met de punt van mijn 60-graden sand wedge te slaan. Ik krijg dezelfde hoge balvlucht, maar door de bal op deze manier te raken ligt hij nog eerder stil. Ik kan zelfs behoorlijk agressief swingen zonder bang te hoeven zijn om een 'flyer' te slaan. Ik kan er gewoon altijd op rekenen dat de bal dichtbij de plek stopt waar hij neer is gekomen.

KEN UW BEPERKINGEN

Een groot deel van het succes bij de flop is een juiste beoordeling van de ligging van de bal: kan het hier of kan het helaas net niet. Ik sla dit schot uitsluitend en alleen als de ligging goed is en ik mijn wedge mooi 'clean' onder de bal door kan halen.

Nooit doen. *Speel het flop shot nooit vanaf een harde ligging. Als u ook maar een fractie achter de bal slaat zal het clubblad een dusdanig contact met de bal maken dat hij over de green vliegt.*

Nooit doen. *Probeer het ook niet als de bal te diep in te hoog gras ligt. De gemiddelde speler heeft domweg de kracht niet om met zoveel geweld door al dat gras heen te kunnen 'ploegen'.*

Doen! *Dit hebben we graag. Gewoon een mooie ligging of, nog beter, zo'n bal die lekker hoog op een dicht stuk gras ligt. Nu kunt u het clubblad prachtig onder de bal door laten glijden. Het schot is makkelijker dan het misschien lijkt.*

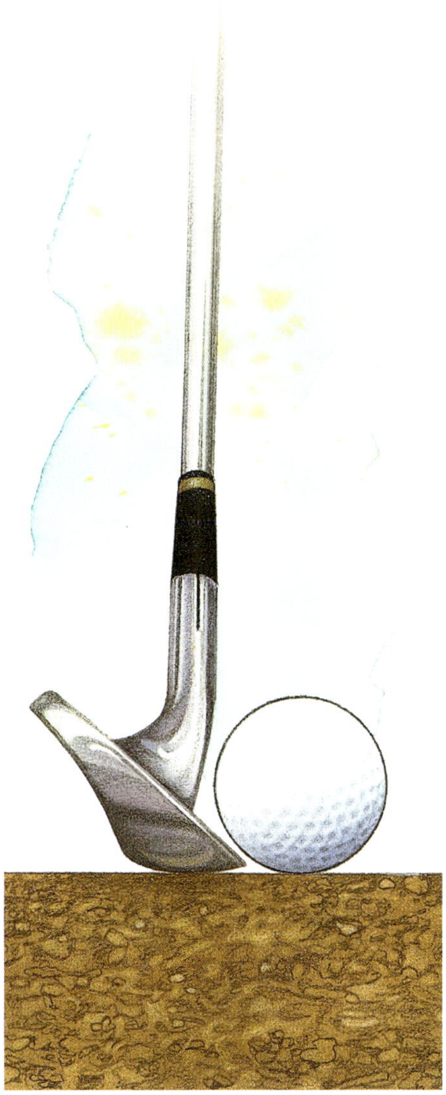

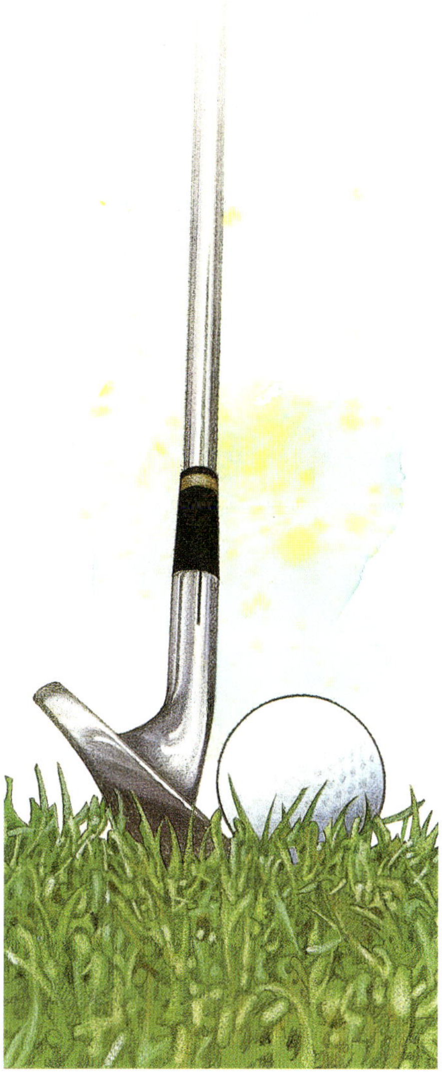

3

HET ZAND DE BAAS

MAAK HET MOEILIJKE MAKKELIJK

Moeilijke schoten zijn er genoeg, maar het schot dat ik voorgeschoteld kreeg op de 16de hole van het Poipu Bay Resort in Hawaï tijdens de Grand Slam of Golf van 1997 sloeg alles. Met nog maar drie holes te gaan, had ik drie slagen meer dan Ernie Els en ik moest een birdie maken om ook nog maar enige kans op de titel te behouden. Toen ik echter zag dat mijn approach op 16 de rand van de bunker pakte, wist ik dat een birdie niet erg waarschijnlijk meer was, aan de andere kant, helemaal uitgesloten was het ook weer niet. Tenslotte had ik wel eens vaker vanuit het zand uitgeholed. Op het moment dat ik de ligging zag, wist ik dat het onmogelijk zou zijn dit keer. De bal lag begraven in zwaar, nat zand en, erger nog, flink downhill. Het was niet alleen bijna onmogelijk om de bal eruit te krijgen, hem op de green te laten stoppen zou een wonder op zich zijn. En om het allemaal nog wat leuker te maken: direct achter bal, bunker en green lag een dichte bosschage. Kort en goed, vergeet het maar! Of, was er misschien toch nog een kans? Pal achter de bunker lag een diepe graskuil. Als ik mijn bal op de een of andere onmogelijke manier ín de helling zou kunnen slaan, zou de voorwaartse kracht de bal de green opjagen. Het was een 100-1 kans maar het proberen waard. Ik adresseerde de bal alsof ik op het punt stond hout te gaan hakken. Ik zette mijn voeten - mijn linkerbeen stond een kleine halve meter lager dan mijn rechter - wagenwijd uit elkaar, hief de club hoog de lucht in en ramde vervolgens met gesloten ogen en volle kracht op het zand direct achter de bal in. Zodra ik de moed vond om op te kijken zag ik waar ik op gehoopt had. De bal sloeg als een kogel in de helling, sprong wel een meter de lucht in, om vervolgens zo dartel als wat de green op te rollen. En te rollen... en te rollen... tot hij op 60 centimeter voor de hole stopte. Ik holede de putt voor een van de beste pars van mijn leven. Ernie maakte trouwens niet alleen een par, de wedstijd won hij eveneens. Maar dat schot uit die bunker, een van de beste schoten die ik ooit heb gespeeld, maakte mijn dag goed en verzachtte de pijn die verlies altijd met zich meebrengt.

DE ONFEILBARE SETUP

Meer dan bij ieder ander schot in golf, bepaalt de setup voor het standaard bunker shot het type swing dat ik zal gaan maken én de manier waarop het clubblad zich zal gedragen zodra het het zand binnendringt. Het is een proces dat uit vier delen bestaat.

Ik open mijn stand
Ik lijn alles - voeten, heupen en schouders - links van het doel op. Op die manier preprogrammeer ik de van-buiten-naar-binnen-swing die ik op het punt sta te maken.

Ik open het clubblad
Ik zet het clubblad rechts van het doel op. Hierdoor zullen er twee dingen gebeuren. De loft van het clubblad wordt groter, waardoor ik de bal hoger kan slaan en zachter kan laten landen. Daarnaast zorgt een open blad ervoor dat de zool van de club makkelijker door het zand kan glijden.

Ik hou de club losser vast dan normaal
Het laatste dat ik bij een bunker shot wil is dat het clubblad dichtdraait vlak voor het het zand binnendringt. Om dat tegen te gaan verlicht ik de druk van mijn linkerhand zo dat de rug van de hand naar het doel is gericht.

Ik neem een stand in waarbij de bal links van het midden ligt
Ik speel de bal het liefst als hij tegenover mijn linkerhiel ligt. Op die manier krijg ik niet alleen die zo gewenste hogere balvlucht, ik kan het clubblad ook makkelijk door het zand krijgen.

ONTSPANNEN S.V.P.

Onthoud één ding: het standaard bunker shot heeft alles met techniek te maken en niets met brute kracht. Het vergt niet meer inspanning dan een fairway shot van zo'n dertig tot veertig meter.

Ik kort mijn swing in
Ik heb geen lange swing nodig met veel lichaamsactie omdat ik domweg niet uit ben op extra afstand. Ik zorg voor een lichte grip, een goed ritme en maak dus een driekwart backswing.

Ik laat mijn polsen knikken
De clubhoofdsnelheid die ik genereer komt vrijwel geheel uit mijn handen en armen voort. Zo laat ik mijn polsen al vroeg tijdens de backswing knikken, want dit is een puur handmatig schot met maar weinig heup- en beenactie.

Mijn rechterhand is de dominante
De greenside bunkerslag wordt gedomineerd door de rechterhand en lijkt een beetje op het gooien van een bal.

Ik laat het clubblad lekker gaan
Ofschoon ik het clubblad met mijn rechterhand behoorlijk door het zand heengejaagd heb, ziet u toch dat het blad niet volledig verdraaid is na impact. Dat komt door de wat lossere grip van de linkerhand, waardoor ik weet dat de bal er hoog uitkomt en mooi zacht zal landen.

Laat het blad glijden en niet hakken
Ziet u hoe betrekkelijk laag het zand wordt opgegooid? Dat komt omdat mijn downswing niet te steil was. Het enige wat ik hier probeer te doen is de club zo te swingen dat ik direct na impact als het ware naadloos de follow through in kan zetten.

HOEVEEL ZAND NEEM IK MEE?

De hoeveelheid zand die ik meeneem is bepalend voor de hoeveelheid spin die de bal meekrijgt op de green. De lijnen die ik getrokken heb geven aan waar de club het zand in moet gaan en hoeveel backspin ik de bal vervolgens meegeef. Als ik wil dat de bal nog wat doorloopt nadat hij is geland, ga ik een kleine 8 centimeter achter de bal het zand in. De bal wordt dan op een dikke laag zand de bunker 'uitgedragen' en zal maar weinig spinnen. Als ik de bal hoog wil slaan en hem tevens snel wil laten stoppen, sla ik 2 tot 3 centimeter achter de bal, soms zelfs nog wat minder. Ik probeer maar zelden om de bal 'clean', dus zonder zand, te raken. Ik heb dan te weinig controle over de bal en hij kan over de green heen vliegen.

De regels staan u toe om een niet-natuurlijk object als de peuk van een sigaret uit een bunker te verwijderen; natuurlijke objecten als een twijgje of blad daarentegen, moet u gewoon laten liggen.

WAAROM UW SAND WEDGE HET WERK OPKNAPT

De sand wedge heeft het meest kenmerkende ontwerp van alle clubs uit de tas. Omdat hij speciaal ontworpen is voor bunkerslagen, zal het blad zich niet te diep ingraven, waardoor een schot totaal verprutst kan worden. Kijk maar eens goed naar de verschillen tussen de typische sand wedge en zijn naaste familielid, de wedge.

DE BELANGRIJKSTE KENMERKEN VAN DE SAND WEDGE.

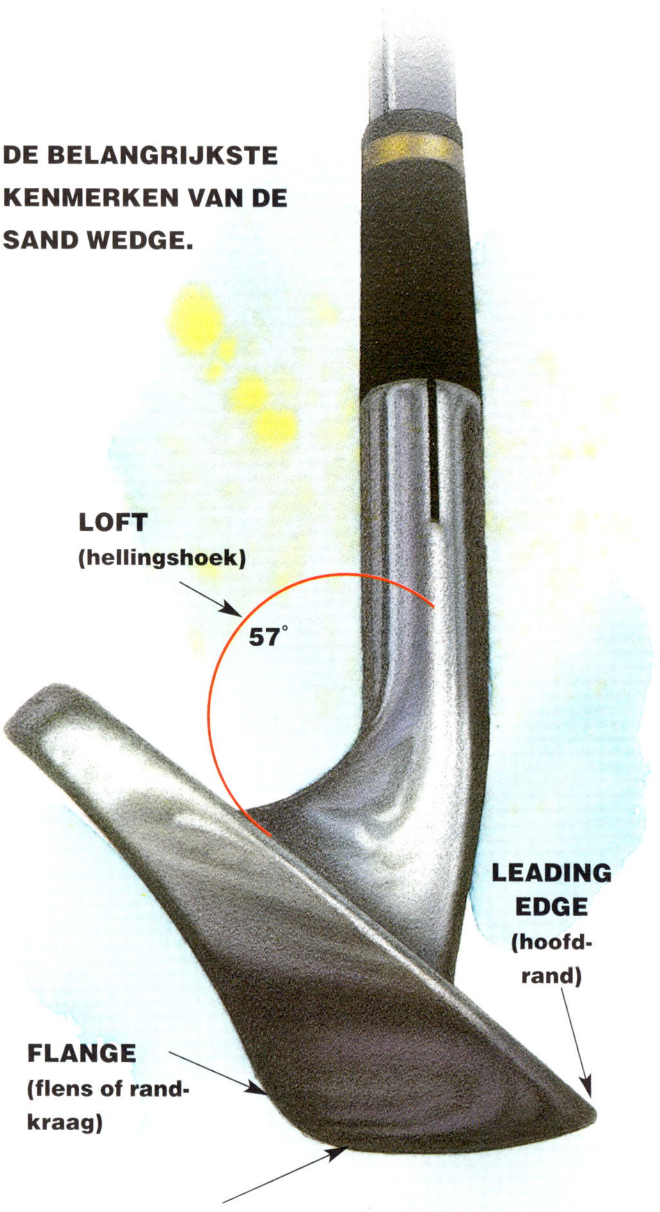

■ De flens langs de zool van het clubhoofd loopt verder door dan de hoofdrand. Hierdoor gedraagt de club zich als een roer zodra het met zand in 'aanvaring' komt. In plaats van er te diep in door te dringen, zal het blad er mooi doorheen glijden.

■ De flens is over de hele lengte genomen ook breder dan de zool van de andere ijzers. Dat is nog een reden voor die zo typerende glijdende actie van de sand wedge.

■ Op de putter na is de sand wedge het kortste ijzer in de tas. Het zwaarst is hij ook en dat extra gewicht helpt het clubblad om precies op maat onder de bal door te kunnen glijden.

■ De sand wedge heeft meer loft - van 52 graden tot meer dan 60 - dan welke andere club dan ook. Als ik vanuit een greenside bunker een cup aan moet spelen die vlakbij de rand van de green is gestoken, zal ik zoveel mogelijk hoogte op de vlucht moeten krijgen als maar mogelijk is.

ALTIJD VERSNELLEN

Als slechte bunkerspelers ook maar iets gemeen hebben, is het dat ze vlak voor het moment van impact aarzelen, waardoor ze de clubhoofdsnelheid verminderen. Dit komt waarschijnlijk doordat ze op de bal ín willen slaan in plaats van er dóórheen. Om goede bunkerschoten te kunnen slaan, moet de clubhoofdsnelheid juist vergroot worden in plaats van verminderd. Dit geldt zelfs voor korte bunkerslagen. Probeer u daarom eens voor te stellen dat de club pas op een punt zo'n 10 centimeter achter de bal zijn grootste snelheid heeft bereikt.

MET MIJN RECHTERHAND GA IK HARD ACHTER DE BAL AAN.

EEN INGESLAGEN BAL-ABC'TJE

Een in het zand ingeslagen bal kan u mentaal behoorlijk parten spelen. Herinnert u zich mijn bunker shot nog in Hawaï? Toen ik zag hoe verschrikkelijk die bal erbij lag, verheugde ik me echt niet op het spelen van dat schot. Laat ik niet liegen: ik was ronduit ontmoedigd. Ik moest niet alleen een bijzonder vreemde stand innemen, enige controle over de bal kon ik ook nauwelijks uitoefenen. Ik realiseerde me dat ik voor een 'up and down' (in twee slagen uitholen, EvGdN) al heel veel geluk nodig zou hebben, laat staan dat ik nog een birdie zou kunnen maken. Het enige wat ik kon doen was mezelf bij de les houden en het schot alles geven wat ik in me had.

Als ík al ontmoedigd wordt van dat soort ballen, kan ik me het gevoel van hopeloosheid bij veel amateurs goed voorstellen. Ik heb zo vaak hoge handicappers de bunker in zien stappen, denkend dat wordt toch niks, om die ingeslagen bal vervolgens zonder enige kans op succes een mep te verkopen. De waarheid - als we dat schot in Hawaï niet meetellen - ziet er gelukkig heel anders uit.

Natuurlijk zult u de bal niet constant even dicht bij de hole slaan zoals u dat met een goede ligging misschien wel kunt, maar u kunt de bal toch redelijk in de buurt krijgen en daarmee een reële kans op een up and down behouden.

1.

HIER MOET HET CLUBBLAD HET ZAND BINNENDRINGEN.

Raak de gewenste plek
Om de bal uit zijn 'hol' te krijgen, moet ik een manier zien te vinden om het blad zo diep mogelijk het zand in te krijgen.
Zie het zo: ik moet een dermate diepe divot slaan dat ik er een klein dier in zou kunnen begraven. Zelf kies ik dan voor een plek zo'n 5 centimeter achter de bal van waaruit ik het karwei begin.

Ik neem een open stand in en leun naar links
Ik heb een verticale swing nodig, want het clubblad moet het zand met een zo steil mogelijke hoek penetreren. Dus pas ik mijn setup dientengevolge aan: 1) Ik adresseer de bal met een open stand om een steile van-buiten-naar-binnen-swingbaan te bevorderen; 2) ik leun naar links waardoor mijn ruggengraat rechter is; en 3) ik open het clubblad en zorg ervoor dat mijn handen voor de bal blijven.
Het is nu even geen tijd voor een mooie, luie swing. Dit schot verlangt kracht en dat geef ik het dan ook met mijn rechterhand. Ik denk er eveneens aan om naar beneden te slaan in plaats van door het zand. Een follow through zal er niet van komen, want het zand zal het clubblad zo'n 30 centimer na impact tot stoppen dwingen. Ik kan de bal op deze wijze geen spin meegeven, waardoor hij verder door zal rollen dan bij een normale bunkerslag.

HET MOEILIJKSTE SCHOT

Er is geen twijfel over mogelijk, het moeilijkste schot om constant goed te slaan is het lange explosieschot. Met lang bedoel ik een schot van zo'n 25 tot 30 meter: te lang dus om er je normale bunkertechniek op los te laten en te kort om het als een fairway bunker shot te benaderen. Er is natuurlijk een effectieve manier om dit schot te spelen, maar zelfs nadat ik het u heb getoond, zult u veel moeten oefenen om het ook nog eens goed en meer dan eens uit te kunnen voeren. Ook zult u met verschillende clubs moeten experimenteren. Voor een 25 meter-schot gebruik ik,

afhankelijk van de ligging, alles tussen een ijzer-8 en een sand wedge.

Ik pas mijn setup aan

Omdat dit schot evenveel lichaamsactie vergt als een volle swing vanaf de fairway, zet ik mijn voeten en schouders iets meer open. Natuurlijk ook weer niet zo dat ik niet vrijuit kan draaien, maar wel open genoeg om het clubblad de kans te geven de bal mooi recht te raken.

Het clubblad staat haaks op de doellijn en de bal ligt iets uit het midden

Door het clubblad te openen wordt de loft vergroot, maar ik wil de bal niet zo hoog spelen dat hij de green niet kan halen. Ik lijn het clubblad daarom haaks op het doel op. Ook wil ik wat zand meenemen met dit type schot, waardoor ik me dus op een plek een centimeter of twee achter de bal concentreer. Precisie is het sleutelwoord bij deze slag: als ik te veel zand meeneem haal ik de green niet en neem ik te weinig mee dan ga ik er overheen.

Ik sla met gecontroleerde woede

Ik heb zoveel clubhoofdsnelheid nodig als ik maar op kan brengen, waardoor ik ook een zo lang mogelijke backswing maak. Hou echter goed in de gaten wat ik over precisie zei: ik zorg er derhalve voor dat ik mijn hoofd stil hou en let goed op mijn tempo. Ook sla ik met zoveel mogelijk snelheid door de bal heen en maak mijn follow through af.

MIJN MANIER VAN AFSTANDSCONTROLE

De overgang van een kort zandschot naar een langer gaat niet zomaar. Veel spelers reguleren hun afstand door het clubblad te openen of te sluiten, of door middel van de hoeveelheid zand die ze meenemen. Ik daarentegen reguleer de lengte van de vlucht het liefst met de lengte van mijn follow through. Des te langer het schot, des te meer ik probeer een volle, zo compleet mogelijke follow through of finish te maken. Dit trucje is heel effectief. Teneinde mijn follow through namelijk langer te kunnen maken, moet ik direct na impact behoorlijk versnellen. En het tegenovergestelde is ook waar, na een kortere follow through weet ik dat ik de bal niet alles gegeven heb op het moment van impact, waardoor hij ook minder ver zal gaan.

Als de ligging van de bal ook maar een beetje 'verdacht' is, is het beter om iets verder van de bal af te gaan staan.

HOU HET BLAD GEOPEND OM SNEL HOOGTE TE KUNNEN MAKEN

Een van de dingen waar ik van hou als ik in het Britse Open speel, is het unieke architectonische ontwerp van de Schotse en Engelse linksbanen. Het meest dramatisch zijn de diepe, met graszoden beklede bunkers, waar je heel makkelijk inraakt maar heel wat moeilijker weer uitkomt. Ik probeer deze gedrochten dan ook te allen tijde te omzeilen, te meer omdat je soms gedwongen wordt er zijwaarts uit te spelen en ik er nu eenmaal niet van hou om zo maar slagen weg te gooien. Toch weet ik ze hoe langer hoe beter te ontwijken. Toen ik het Britse Open van 2000 op St. Andrews won, heb ik er bijvoorbeeld de hele week niet eentje 'gezien'.

Dat was zeker niet het geval op Carnoustie, waar het Britse Open het jaar daarvoor werd gespeeld en waar bovenstaande foto is genomen. Het plaatje laat goed zien hoe ik het er even goed vanaf bracht. Ziet u ook hoe het blad van mijn sand wedge nog steeds naar boven is gericht? Dat toont aan dat ik tijdens de hele swing niet alleen geen loft heb verloren, maar dat ik het clubblad ook niet heb toegestaan om zich te sluiten na impact. Kijk ook eens hoeveel zand ik meeneem. Dat geeft weer aan hoe belangrijk het is om diep in het zand door te dringen.

NOG WAT EXPLOSIEF GEDACHTEGOED

Ik geloof dat de grondbeginselen voor een goed en solide bunkerspel voor iedereen gelijk zijn. Als u de bal hoger wilt slaan, zult u of uw clubblad meer moeten openen, of meer naar de bal toe moeten staan om dat te kunnen bewerkstelligen. Een andere manier is er niet. Punt.

Er zijn echter ook grondbeginselen die meer met strategie en clubselectie te maken hebben dan met lichamelijke eigenschappen en swingtechnieken. Iedere amateur - de hoge handicapper in het bijzonder! - zou de volgende regels dan ook altijd op moeten volgen.

- Als uw bal in een fairway bunker ligt vergeet dan gevoeglijk iedere club beneden de ijzer-4, tenzij het zand vochtig en hard is en de bal prachtig ligt.
- Nog een tip voor de fairway bunker: neem op zijn minst één club meer dan voor een schot met dezelfde lengte dat van gras wordt gespeeld.
- Des te langer het schot, des te losser u de club vast zou moeten houden. Daardoor kunt u makkelijker snelheid creëren en snelheid is wat u voor ieder schot uit het zand absoluut nodig heeft.
- Als de ligging van uw bal niet helemaal koosjer is of lijkt, ga dan op z'n minst 2 tot 3 centimeter verder van de bal afstaan. Als de ligging ronduit slecht is kunt u zelfs nog iets meer terug.
- Mik vanuit een greenside bunker altijd op het topje van de vlag, aangezien veruit de meeste bunkerslagen eerder te kort dan te lang zijn.

HOE KOM JE HET BEST UIT EEN FAIRWAY BUNKER

Sommige mensen zeggen dat het beste schot dat ze me ooit hebben zien slaan, een ijzer-6-schot was uit een fairway bunker op de 72ste, dus laatste, hole van het Canadese Open 2000. Ik weet niet of het mijn beste ooit was, maar het was zeker het beste schot dat ik dat jaar geslagen heb. Om uit te leggen hoe ik dat schot gespeeld heb, moet ik vier lessen in één geven, want het had met strategie, vertrouwen, clubselectie en het aanvoelen van de elementen te maken.

Op het moment dat ik het schot sloeg, had ik een slag minder dan Grant Waite, mijn naaste belager. Hoe ik ook speelde, wat ik ook deed, ik kon hem niet van me afschudden. Maar goed, mijn drive op die laatste hole was in een fairway bunker geëindigd en ik hield nog 199 meter naar de vlag over. Grants bal lag op de fairway, korter dan de mijne alleen, dus hij moest eerst slaan. De uitkomst van zijn schot zou mede bepalen hoe ik zelf zou gaan slaan: aanvallend of behoudend. Toen hij zijn bal echter op zo'n zes meter van de vlag deponeerde, wist ik dat ik meer risico zou moeten nemen. In plaats van een wat kortere club te nemen en voor het veilige midden van de green te gaan, nam ik een stok meer om de bal zo dicht mogelijk bij de hole te kunnen krijgen.

Er zijn heel wat makkelijker slagen in golf. Naast de afstand - 199 meter is een heel eind voor een ijzer-6, zelfs bij een perfecte ligging op de fairway - regende het, terwijl de wind niet alleen van links kwam , maar ook nog eens direct richting vijver blies die pal naast de rechterkant van de green lag. Toch besloot ik de ijzer-6 te nemen die ik op het midden van de green op wilde zetten, in de hoop dat de wind de bal wat meer naar rechts zou blazen. Thuis in Orlando had ik aan een nieuwe techniek gewerkt die ik ontdekt had en ik besloot het maar eens in het echt uit te proberen. Ik had m'n swingbaan wat vlakker gemaakt om zodoende de hoek van het raakvlak iets te verkleinen, waardoor er meer ruimte zou zijn voor fouten. Ook hield ik de club met mijn linkerhand wat lichter vast, om er zeker van te zijn dat het clubblad zich niet zou sluiten op het moment van impact. Het had allemaal perfect gewerkt op de range en tijdens oefenrondes, maar een oefenronde of een wedstrijdronde zijn twee totaal verschillende zaken. Toch besloot ik het te proberen. Als ik het nu niet zou doen, wanneer dan wel? Trouwens, een aantal dingen sprak zeker in mijn voordeel. Zo was de ligging van de bal prima en was mijn zelfvertrouwen groot, waardoor ik me tot alles in staat voelde. Ik nam een heel klein beetje een open stand in om een lichte fade (van links naar rechts, EvGdN) te bevorderen, om de bal direct daarna alles te geven wat ik had. Op het moment dat de bal het clubblad verliet, wíst ik dat hij goed was en dat was-ie ook. De wind hielp ook nog en hij eindigde even buiten de green rechts van de hole. Een chip en een putt later behoorde de beker mij toe, maar het meest bevredigende van dat schot uit de fairway bunker was het feit dat ik het onder druk tot een goed einde had weten te brengen.

GA WAT VERDER VAN DE BAL AF STAAN TENEINDE HEM ZO SOLIDE MOGELIJK TE KUNNEN RAKEN

De bal solide raken - en indien mogelijk zonder ook maar één korreltje zand mee te nemen - is de enige manier om veel afstand te kunnen bewerkstelligen. Ik ga wat verder van de bal af staan dan ik bij een schot van gelijke lengte van de fairway zou doen. Ik neem daarom ook op z'n minst één club meer dan voor datzelfde fairway shot, terwijl ik de club wat lager vastpak om meer controle te krijgen. Ten slotte zorg ik er voor dat mijn voeten stevig in het zand verankerd staan. Ik sta immers op het punt een volledige swing te maken en wil niet graag wegglijden. Ik til, vlak voor ik ga slaan, mijn kin weg van mijn borst. Daardoor kan ik wat rechter gaan staan tijdens de swing en dat helpt me weer om de bal zo 'clean' en solide mogelijk te raken. Ik swing met niet meer dan ongeveer 70% van al mijn kracht, de extra club die ik heb gekozen zal automatisch voor de benodigde afstand zorgen. Ik eindig met een hoge follow through en hou mijn hoofd net zo lang op het zand gericht tot de bal goed en wel het luchtruim heeft gekozen.

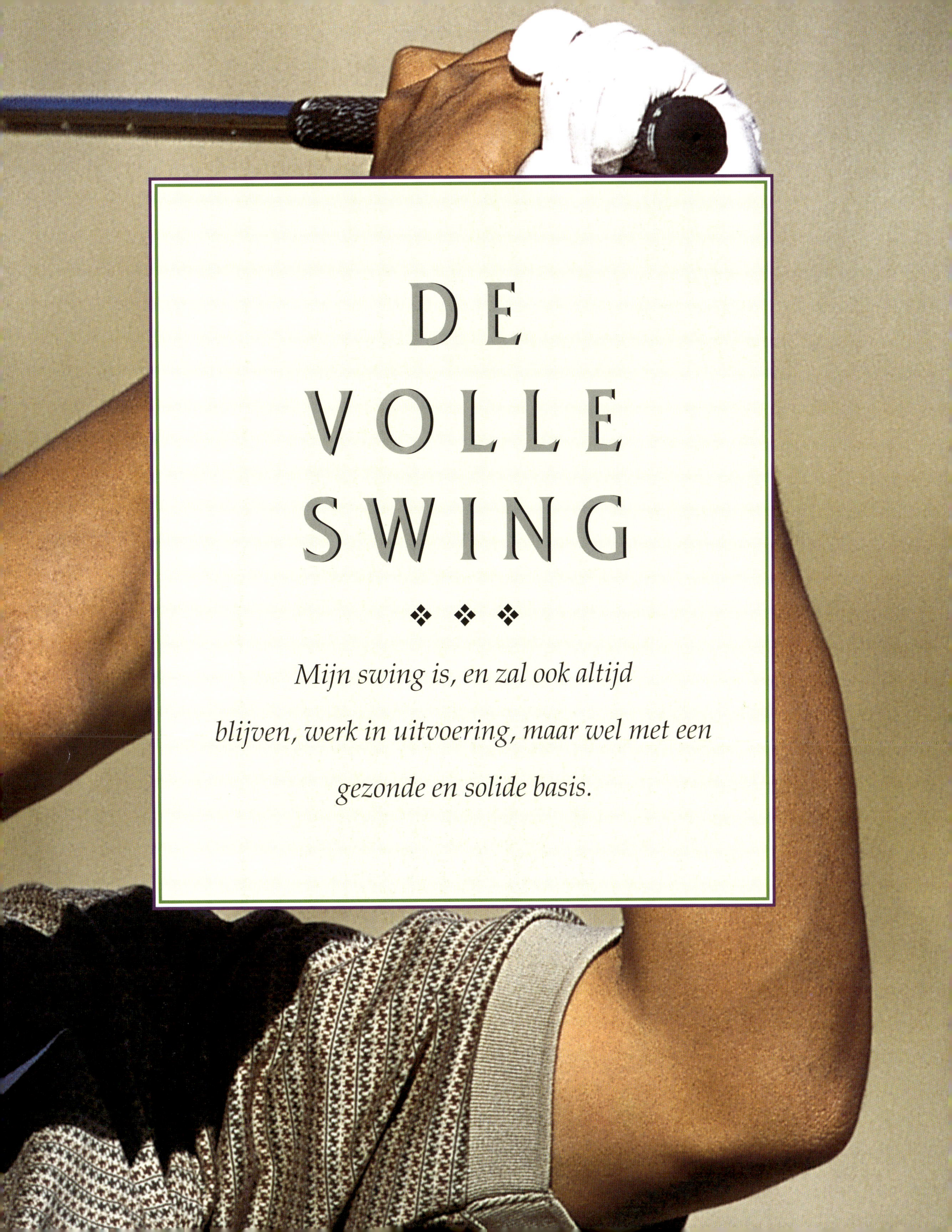

DE VOLLE SWING

Mijn swing is, en zal ook altijd blijven, werk in uitvoering, maar wel met een gezonde en solide basis.

4
KEN JE SWING

WERK AAN EEN CONSTANTE (REPEATING) SWINGACTIE

Nadat ik in 1997 The Masters had gewonnen met 12 slagen voorsprong en een recordscore van 270, 18 onder par, heb ik geen tijd verloren maar ben direct gaan feestvieren. Als ik ergens goed in ben is het lol maken en dan haal ik ook alles 'uit de tas'. Ik ben met mijn vrienden uit geweest, heb wat gereisd en had een geweldige tijd. Ik wist dat ik ooit weer met beide benen op de grond moest komen te staan, maar ik had geen haast.

Op een avond een week of zo later, ik was weer zo'n beetje op aarde neergedaald, besloot ik om een tape van het hele toernooi op te zetten. Ik was alleen, waardoor ik in alle rust mijn eigen swing kritisch kon bekijken om te zien of er misschien een foutje ingeslopen was waar ik aan kon gaan werken. Nou, ik zag er niet eentje maar wel tien. Ofschoon ik de bal de hele week prima had geslagen, wist ik dat naar mijn eigen maatstaven gerekend ik gezwijnd had: niet meer en niet minder. Mijn swingbaan was te statisch. Mijn balvlucht zag er weliswaar prima uit, maar ik sloeg de bal met mijn ijzers verder dan goed voor me was, aangezien ik het clubblad licht sloot op het moment van impact.

Nog voor de tape goed en wel afgelopen was, had ik al besloten om een paar grote veranderingen in mijn swing aan te brengen. Butch had al eens eerder een paar van die swingfouten opgemerkt, we waren er inmiddels langzaam aan gaan werken, maar ik besloot daar en dan om de zaken te bespoedigen. Ik pakte de telefoon, belde Butch en vertelde hem wat ik vond. Hij was helemaal in voor de grondige swingrevisie die ik in gedachten had.

Die revisie nam meer dan een jaar in beslag voor de veranderingen daadwerkelijk vruchten af begonnen te werpen. Eerst begon mijn swing er beter uit te zien en direct daarna ging de bal zich beter gedragen. Toen mijn swing ten slotte ook nog eens goed aan begon te voelen, wist ik dat ik er was. Ik had zowel in 1999 als in 2000 een heel goed jaar en speelde veruit het beste golf van mijn leven.

De moraal van dit verhaal is dat de golfswing altijd werk in uitvoering is, hoe goed je ook bent. Het uiteindelijke doel is een swing die technisch goed is, goed blijft, voor iedere club in de tas gebruikt kan worden en ook stand houdt onder druk. Ik weet niet of er ooit iemand zal zijn die iedere golfswing perfect uit zal kunnen voeren. Wat ik wel weet is dat ik het niet kan maar, en dat is zeker, ik zal het blijven proberen.

ÉÉN GRIP VOOR ALLE SLAGEN

De grip is de hoeksteen van de swing. Vrijwel ieder ander element van de swing - swingbaan, positie van het clubblad, balpositie en houding - staat er mee in verband. Het is niet echt nodig om te vertellen hoe dan wel precies, behalve dat als je een goede swing wilt opbouwen je allereerst over een goede grip dient te beschikken.

Mijn eigen grip is door de jaren heen met me meegegroeid. Als junior-golfer hield ik van een sterke linkshandige grip, waarbij ik mijn hand naar rechts liet draaien tijdens de swing. Zodoende waren beide handen meer actief, waardoor ik niet alleen meer lengte kreeg, maar het clubblad ook beter haaks op de bal kon krijgen bij impact. Later, nadat ik meer gegroeid was en daardoor sterker was geworden, heb ik de druk van mijn linkerhand op de grip van de club flink verminderd. Vandaag de dag is mijn grip veel neutraler en zie je bij de adrespositie 2½ knokkel van de linkerhand. Dat is volgens mij de beste positie van allemaal en bovendien eentje die vrijwel iedere golfer zal liggen. Als ik een verandering in mijn grip aanbracht, zorgde ik er steeds voor dat ik een club bij de hand had zodat ik constant kon oefenen. Ik wilde namelijk dat die nieuwe grip zo snel mogelijk zo natuurlijk mogelijk aanvoelde.

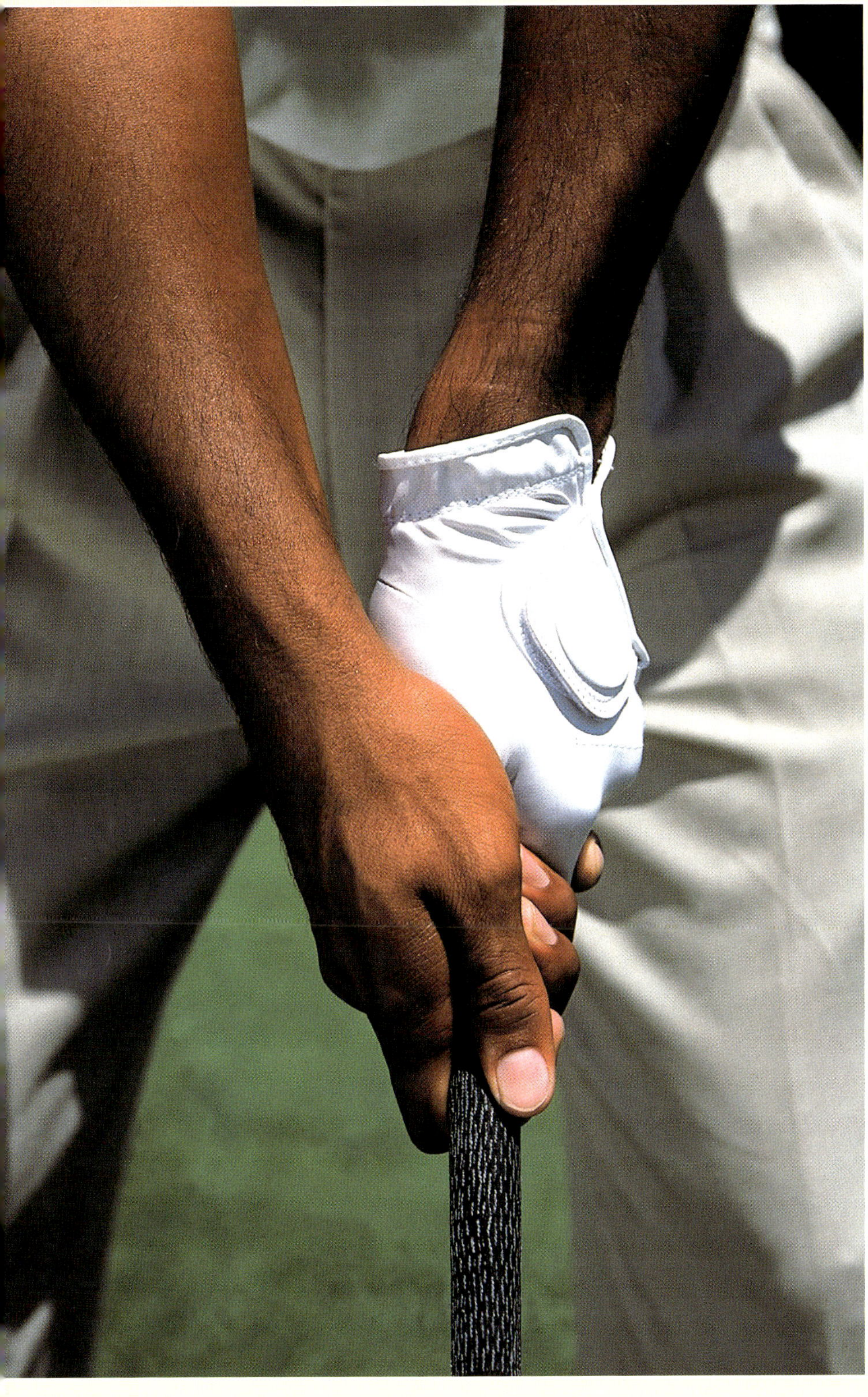

Als u uw eigen swing naar een bepaalde speler wilt modelleren, hou dan terdege rekening met diens lengte en bouw. Als u zelf lang en smal bent, moet u de swing van een kleine en gedrongen speler natuurlijk nooit kopiëren.

DE LINKERHAND CONTROLEERT

De steel van de club loopt diagonaal langs mijn vingers, van het begin van mijn wijsvinger tot het kussentje onder mijn pink. Gevoel én controle worden op deze wijze het best verenigd. Ik plaats de steel van de club nóóit te ver in de palm van mijn geopende linkerhand. Op die manier verklein ik de clubhoofdsnelheid niet alleen, ook het gevoel waar ik al over sprak zal verminderen.

Als ik mijn linkerhand heb gesloten en de club in de adrespositie zet, zal mijn duim iets rechts van het centrum over de steel moeten liggen, terwijl de door mijn rechterduim en wijsvinger op deze manier gevormde V naar een punt iets naast mijn rechteroor zal wijzen.

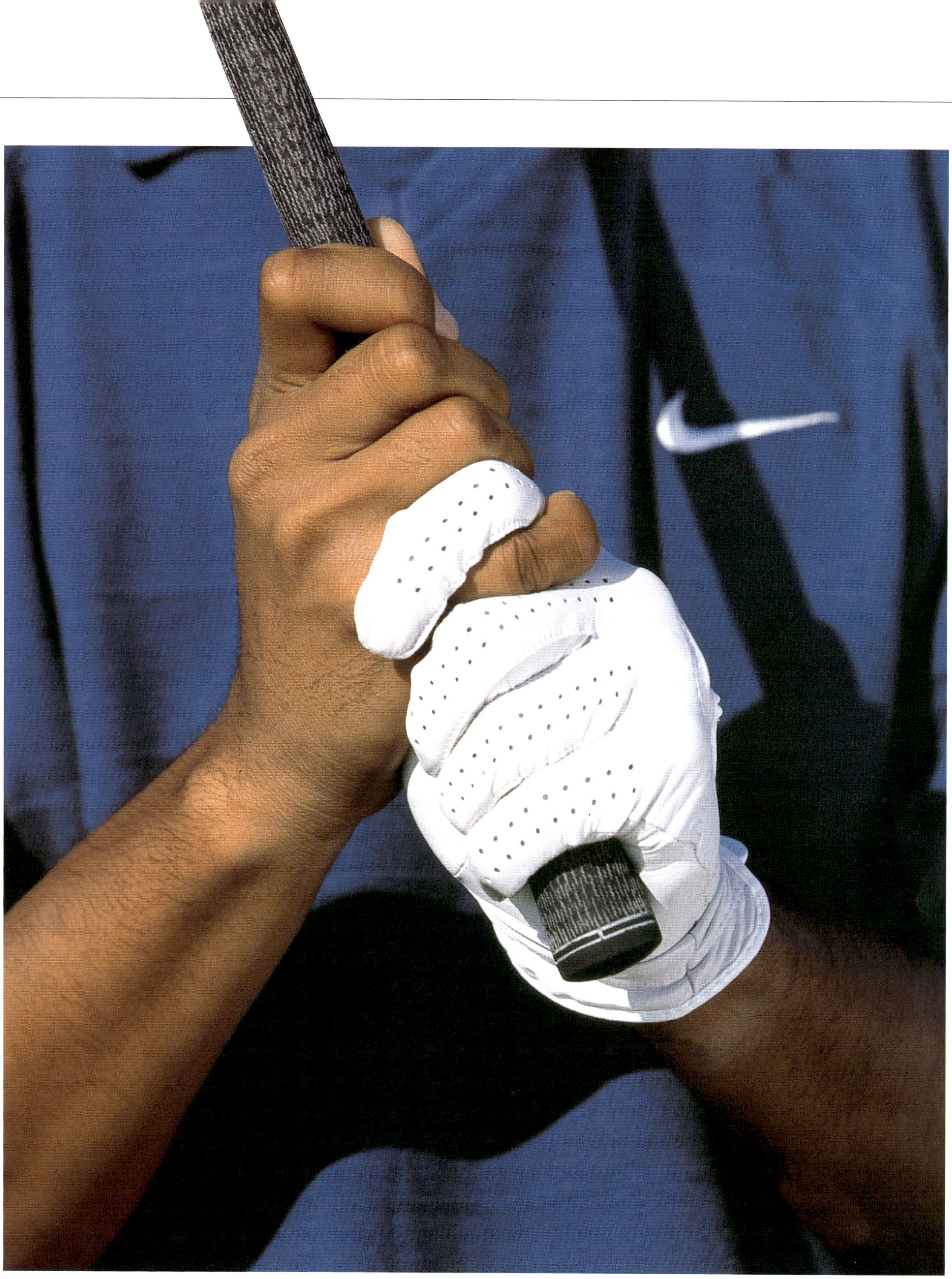

DE RECHTERHAND IS ONTWORPEN VOOR SNELHEID

De wijze waarmee u de club met de rechterhand vastpakt is gelijk aan die van de linker. Het belangrijkste verschil is dat de steel meer langs de vingers ligt en wel van het middelste deel van uw wijsvinger tot het begin van uw pink. Hierdoor wordt de hand geactiveerd, waardoor hij tijdens de downswing snelheid kan maken.

Waarom ik 'interlock': als kleine jongen heb ik mezelf de zogenaamde interlocking grip aangeleerd, de grip dus waarbij de pink van mijn rechterhand tussen wijs- en middelvinger van mijn linker zit geklemd. Dat namelijk was de grip van Jack Nicklaus, mijn idool, en die heb ik gekopieerd. Het feit dat mijn handen niet uit elkaar kunnen raken tijdens de swing geeft me een veilig gevoel. Overigens geven maar weinig spelers aan deze grip de voorkeur. De meeste (Tour)spelers prefereren de overlapping of Vardon grip, waarbij de pink van de rechterhand in de holte tussen de linker wijsvinger en middelvinger ligt.

Beoordeel uw oefensessies nooit aan de hoeveelheid tijd die u erin heeft gestoken, noch aan het aantal ballen dat u geslagen hebt. Sommige van mijn meest productieve oefensessies duurden niet langer dan 20 minuten.

HET EINDPRODUCT

Mijn complete grip moet, als het goed is, mijn handen een gevoel van eenheid en behaaglijkheid geven. Ze moeten aanvoelen alsof ze samengesmolten zijn, bijna alsof ze nergens anders voor gemaakt zijn dan het vasthouden van een golfclub. Als u dat gevoel niet heeft, kunt u het krijgen door dagelijks te oefenen: vastpakken en weer neerleggen, vastpakken en weer neerleggen.

U dient de club licht genoeg vast te houden om de polsen voldoende bewegingsvrijheid te geven en het gevoel niet te verliezen, maar aan de andere kant ook weer stevig genoeg om de controle over de club tijdens de hele swing te behouden. Het belangrijkste is om de druk op de grip altijd gelijk te houden. Als u op enig punt tijdens de swing die druk ook maar iets opvoert, zal u dat naast het verlies aan clubhoofdsnelheid ook verlies aan controle kosten.

Wat die druk nog betreft: ik ben ervan overtuigd dat veel amateurs te hard in de club knijpen vanwege het simpele feit dat hun grip niet goed is. Om beweging van de steel in de hand tegen te gaan, zullen ze, over het algemeen bij de start van de downswing, de druk van de handen om de steel verhogen. Dat bewijst eens te meer waarom een technisch perfecte grip zo belangrijk is. Als die grip goed is, zult u zich tijdens de swing nooit om uw handen hoeven te bekommeren en bent u vrij om u op de andere aspecten van de swing te concentreren.

DE STAND IS VOOR MACHT EN BALANS

De volle swing veroorzaakt veel beweging in uw bovenlichaam. U heeft dus een solide ondergrond nodig om die beweging te ondersteunen en niet tegen te werken. Dáár komt de breedte van de stand dan ook om de hoek kijken.

Mijn voeten staan te dicht op elkaar – Deze breedte van mijn stand, met mijn voeten zo ongeveer op schouderbreedte uit elkaar, is een goede stand voor de korte en middellange ijzers. Voor de driver en de overige houten clubs daarentegen is hij weer te smal. Met mijn voeten zo dicht bij elkaar zal ik nooit of te nimmer voor een goede balans kunnen zorgen. Om dat wel te kunnen zou ik een verkorte swing op halve kracht uit moeten voeren.

Mijn voeten staan te ver uit elkaar – Hier heb ik voor meer dan voldoende stabiliteit gezorgd, probeer me maar eens omver te krijgen... Maar weet wel: hoe breder de stand, hoe moeilijker het is voor de heupen en schouders - zowel tijdens backswing als downswing - om te kunnen draaien.

De juiste standbreedte
Dit is een mooie mix. Bij dit schot met de driver staan mijn voeten, vanaf de binnenzijde gemeten, exact op schouderbreedte. Op deze manier kan ik met behulp van mijn voeten en benen voluit swingen, terwijl ik heupen en schouders gewoon kan blijven draaien.

Deze standbreedte staat me eveneens toe om mijn gewicht naar de rechterkant over te brengen, zonder de flexibiliteit in mijn rechterknie te verliezen. Kort en goed: dit is het helemaal.

EEN ATLETISCHE HOUDING

Golf is als iedere andere bewegingssport en begint met een uitgangspositie of setup die atletisch en goed uitgebalanceerd zou moeten zijn. De sleutel naar een goede houding is om bovenlichaam en onderlichaam van begin tot eind als één te laten werken.

Te veel flexibiliteit in de knieën

Zo zie je veel amateurs staan. De extreem gebogen knieën werken een goede schouderdraai tijdens backswing en downswing niet in de hand. Bovendien kost de kortere swingbaan hun zowel clubhoofdsnelheid als accuratesse. Nog een probleem: de stand van de club wordt vlakker, waardoor het clubblad naar links zal neigen te gaan en dat zal, nog geholpen door hun onvermogen om te draaien, tot een pull of slice leiden.

TE VLAK: ZIET U HOE DE CLUB TE VEEL OP DE HIEL VAN HET BLAD RUST?

Te weinig flexibiliteit in de knieën

Als ik mijn knieën te stijf houdt bij het adresseren, maar toch bij de bal wil kunnen komen, ben ik genoodzaakt om vanuit de taille te veel voorover te buigen. Een goed recept voor een slechte balans tijdens de hele swing. Ook gebruik ik maar zo'n 70% van mijn potentiële kracht, omdat mijn onderlichaam niets kan bijdragen aan de swing. Ik ben domweg genoodzaakt de hele beweging met mijn bovenlichaam uit te voeren, waardoor slag en daaropvolgende balvlucht maar weinig voor zullen stellen.

IK ZOU EVENGOED IN EEN BLOK CEMENT KUNNEN STAAN, WANT OOK DAN ZULLEN MIJN BENEN NIET KUNNEN BEWEGEN.

Perfecte knieflexibiliteit

Mijn knieën moeten net genoeg gebogen zijn om me een goed en uitgebalanceerd gevoel te bezorgen. Op deze manier heb ik het gevoel lekker lichtvoetig te zijn, mijn gewicht is van hiel tot teen gelijkelijk verdeeld en mijn heupen en schouders kunnen, mét behulp van mijn voeten en benen, vrijuit draaien. Goed golf begint op het 'gras' en daar bedoel ik mee dat voeten, benen en heupen de downswing op gang brengen. Als uw knieën op de juiste wijze gebogen zijn, kunt u uw onderlichaam dus ook activeren vóór de schouders, armen en handen aan het proces deel gaan nemen. Een juiste bewegingsvolgorde is dan ook van het grootste belang.

ZO KAN IK VRIJUIT BEWEGEN.

DE AFSTAND TUSSEN VOETEN EN BAL LUISTERT HEEL PRECIES

Dit hangt ook weer nauw samen met houding en knieflexibiliteit, vandaar dat het hier dus ook aan bod komt. Het aannemen van de juiste afstand tot de bal bij het adresseren is cruciaal voor het maken van een solide swing. Als ik te dicht op de bal sta of er te ver vanaf, ben ik genoodzaakt om allerlei anatomische capriolen uit te halen om de bal toch nog te kunnen raken. En, neem dat rustig van me aan, goed zal het in dat geval nooit zijn!

Links boven-Ik sta te dicht op de bal: mijn knieën verstijven, mijn ruggengraat staat te recht, mijn armen hebben de ruimte niet om vrijuit te kunnen swingen en ik kan m'n schouders niet voldoende draaien. Hierdoor ben ik genoodzaakt om de club te steil weg te nemen, terwijl ik hem tijdens de downswing ook weer te steil terug moet brengen. Op deze manier kan de bal alle kanten uitvliegen, ver zal hij echter nooit komen.

Links onder-Ik sta te ver van de bal af: een nare positie, want om de bal te kunnen bereiken moet ik mijn armen te veel uitstrekken. Om dat te kunnen doen moet ik vanuit de taille weer te veel voorover buigen, terwijl mijn knieën al te veel zijn gebogen. Met de bal in deze positie bent u geneigd om met de backswing iets terug te vallen, om vervolgens bij het begin van de downswing weer te ver voorover te buigen. Ook hier kan de bal alle kanten opgaan behalve de goede.

Andere pagina-Dit is de juiste afstand: aan alles is te zien dat ik hier goed sta. Mijn armen 'hangen' er comfortabel bij, mijn knieën zijn licht gebogen en mijn gewicht is mooi gelijkelijk verdeeld tussen de hielen en tenen. Op deze manier kan ik van de bal afdraaien en er weer naar toe, zonder de hoek van mijn ruggengraat of de buiging in mijn knieën aan te moeten passen. Als ik op deze wijze swing is de kans het grootst dat armen, handen en club op dezelfde positie uitkomen die ik bij het adresseren heb ingenomen.

BALPOSITIE IS CRUCIAAL

Een slechte balpositie is dodelijk. Als u uw stand niet heel precies in relatie tot de bal inneemt, speelt de bal met u in plaats van andersom. U zult de meest vreemde bewegingen uit moeten halen om het clubblad alleen al tegen de bal aan te kunnen krijgen, waardoor u nooit een reeks van goede slagen zult kunnen produceren.

Is de balpositie echter goed voor de club die u gekozen heeft, dan zult u ook beter in staat zijn om de swing mooi vloeiend uit te voeren.

De handen blijven op dezelfde afstand van mijn lichaam

Ongeacht de club die ik gebruik blijven mijn handen op dezelfde afstand ten opzichte van mijn dijen. Ofschoon de lengte van de driver verlangt dat de bal verder weg ligt dan bij welke andere club dan ook, zal ik nooit als een wilde naar de bal (toe)swingen. Ziet u hoe recht de zool van de driver op het gras staat? Datzelfde zou natuurlijk ook voor alle andere clubs in de tas moeten gelden.

Veel gemaakte fouten

Slechte spelers maken vaak dezelfde fouten. Zo zijn ze geneigd om de bal te ver terug in hun stand te spelen, met als resultaat dat ze tijdens de backswing geen goede draai kunnen maken. Met de driver slaan ze daardoor veel pulls of, nog erger, ongecontroleerde slices. Ook hebben ze het moeilijk om de bal goed de lucht in te krijgen, in de eerste plaats omdat de langere clubs maar weinig loft hebben en in de tweede plaats omdat de loft van de club vermindert naarmate de bal verder van je af ligt. De meest gemaakte fout met de kortere clubs is precies het tegenovergestelde: men staat domweg te dicht op de bal.

NAARMATE DE CLUBS KORTER WORDEN KOMT DE BAL DICHTERBIJ, DE HANDEN BLIJVEN ECHTER OP DEZELFDE AFSTAND VAN HET LICHAAM.

TEE DE BAL VOOR DE DRIVE VER GENOEG NAAR VOREN OP OM EEN ZO VOLLEDIG MOGELIJKE DRAAI TE KUNNEN MAKEN.

MET DE BACKSWING BEGINT HET

Nu begint de lol pas goed en we beginnen met de volle swing door de club in beweging te zetten. Let wel: ik zei clúb en niet lichaam. U hebt namelijk zo hard aan positie en setup gewerkt met een reden en die reden is de club niet alleen in een goede swingbaan te krijgen maar 'm daar tijdens de hele swing ook te houden.

Start de club op lijn

Halverwege de backswing moet de club parallel aan uw denkbeeldige standlijn zijn. U krijgt 'm daar door de club zo vloeiend mogelijk met uw schouders, armen en handen van u weg te draaien. Van hieruit is het niet moeilijk meer om de club naar de perfecte positie op de top van de backswing te 'begeleiden'.

Laat de club niet naar binnen dwalen

Zelf heb ik deze fout vaak gemaakt en hij is fataal. Als de club halverwege de backswing te veel naar binnen komt, de shaft wijst in dat geval rechts naast het doel, ben ik genoodzaakt om te compenseren teneinde de club weer in zijn goede baan te krijgen. Als ik de club namelijk in deze positie de downswing in laat gaan, zal ik de bal naar alle waarschijnlijkheid naar rechts pushen.

ZES SLEUTELS TOT EEN GOEDE BACKSWING

■ Ik laat mijn rechterelleboog van mijn zij afkomen, maar zorg er wel voor dat hij naar de grond wijst.

■ Mijn linkerschouder moet onder mijn kin uitkomen. Dat is makkelijker te doen als ik mijn kin tijdens de hele swing zo hoog mogelijk hou.

■ Ik hou mijn rechterknie even gebogen als ik hem tijdens de setup had.

■ Het clubblad is recht (haaks) op de top van de backswing en parallel aan mijn linkervoorarm.

■ Mijn gewicht rust op mijn rechterhiel.

■ Mijn linkerhiel blijft stevig op de grond staan.

MIJN RECHTER-ELLEBOOG WIJST NAAR BENEDEN.

DE MAGISCHE DRIEHOEK

Hoe langer en ruimer u uw backswing maakt, hoe meer tijd u tot uw beschikking hebt om tijdens de downswing snelheid en macht op te bouwen. Een grote, wijde schouderdraai speelt daarbij een belangrijke rol, maar ook uw armen spelen een rol van betekenis. 'Ruimte aan de top' is wat ik wil en om dat te krijgen druk ik mijn linkerarm zover van mijn hoofd weg als maar mogelijk is en neem ik mijn rechterarm mooi mee. Mijn beide armen en ellebogen vormen een driehoek die het clubblad recht en de club op lijn houdt.

Als uw linkerarm van uw lichaam afgaat, zorg er dan alsjeblieft voor dat uw rechterelleboog niet al te roekeloos van uw zij afdwaalt, om uiteindelijk triomfantelijk naar de hemel te wijzen. Deze zogenaamde 'flying elbow' zorgt ervoor dat uw backswing los en onsamenhangend is, terwijl uw downswing minder krachtig en consistent zal zijn.

Hou alles ook weer niet te dicht bij elkaar...
De andere manier om de driehoek te verknallen is uw rechterelleboog tegen uw zij gedrukt te houden. Het maakt uw swing korter, geeft een verkeerde spanning en bemoeilijkt de armen/lichaam-coördinatie tijdens de downswing.

OEFENING BAART KAMPIOENEN

De meeste golfers kennen het, die heerlijke periodes waarin je bijna niet voelt dat je swingt, terwijl alle ballen daar komen waar je ze hebben wilt. Jammer dat het altijd zo kort duurt. De periodes dat het absoluut niet gaat, de swing voelt niet prettig aan en de ballen vliegen alle kanten op behalve de goede, kennen we ook. En wat duren die altijd lang...

Mijn doel - hoe onwezenlijk misschien - is mijn swing zo te perfectioneren dat ik overal en altijd mijn beste golf speel. Ik kan dat slechts op één manier bereiken: oefenen, oefenen en nog eens oefenen. Lang geleden al heb ik me erbij neergelegd dat de weg naar het doel geen sluiproutes kent, terwijl de enige route die er wel toe leiden kan de lange weg van de oefening is.

Er zijn spelers die oefenen geestdodend vinden. Ik geniet ervan. Geef mij een berg ballen, een nieuw handschoentje, mijn clubs en een mooi stukje gras en ik ben zo gelukkig als het maar zijn kan. Andere spelers mogen me op de baan misschien van tijd tot tijd de baas zijn, op de range wint niemand het van me.

OP ZOEK NAAR HET 'SLOT'

Ik heb het met u al over het belang van een correcte positie halverwege de backswing gehad. Ik hecht daar zoveel waarde aan omdat het de enige manier is om de club op de top van de backswing in de juiste positie te krijgen, de positie die wij wel het 'slot' noemen. Kijk eerst eens in de spiegel naar uw eigen positie op de top van de backswing, om vervolgens aan uw eigen 'slot' te gaan werken.

Ik heb het 'slot' gevonden

Dit is de ideale positie met de steel van de club, zoals hij dat halverwege de backswing dus ook al was, parallel aan de doellijn. Als ik de downswing nu met mijn onderlichaam start, zullen club en clubblad via de perfecte swingbaan richting bal bewegen.

De club is 'afgedwaald'

Als de club op de top van de backswing links van het doel wijst, zult u de bal tijdens de downswing vanuit een buiten-naar-binnen-lijn benaderen en daardoor een slice (een sterke links naar rechts-balvlucht dus) of pull slaan.

DE CLUB IS UIT BALANS EN VOELT ZWAARDER AAN DAN HIJ IS.

De club heeft de lijn overschreden

Als de club op de top van de backswing rechts van het doel wijst, heeft u hem te ver doorgezwaaid. In dit geval zal het waarschijnlijk zijn dat de club de bal te veel van binnen-naar-buiten raakt, met een hook (een sterke rechts naar links-balvlucht) tot gevolg.

DE WEG NAAR DE BAL IS ER VANUIT DEZE POSITIE NIET MAKKELIJKER OP GEWORDEN.

DE ZWAARTEKRACHT DOET HET 'M

Des te sneller u het clubblad door de bal heen slaat, des te verder die zal gaan. Simpel genoeg, maar het verkrijgen van die snelheid tijdens de downswing is makkelijker gezegd dan gedaan. Een probleem waar vrijwel iedere golfer mee te maken krijgt is het 'afraffelen' van de downswing. De backswing is voltooid en... wham daar gaat-ie: naar beneden, zoek de bal op, snel, hard. Op deze manier is er natuurlijk geen enkele sprake meer van controle, laat staan van een juiste volgorde. De schouders racen de armen voorbij, de armen gaan de handen weer voorbij en de handen zijn op hun beurt weer te snel voor de club. Alle snelheid komt te vroeg 'los' en het clubblad zal op het moment van impact zelfs snelheid verliezen in plaats van vermeerderen.

Ik start de downswing dan ook door eerst rustig mijn gewicht naar links te verplaatsen, voor ik mijn armen als het ware voor mijn borst naar beneden laat 'vallen'. Ik wil namelijk niet dat mijn schouders voor mijn armen uit gaan. Door mijn armen die kleine voorsprong te geven, werken zij samen met mijn schouders en samen ook creëren ze dat samengebalde pakket van macht en kracht op het moment dat clubblad en bal elkaar ontmoeten.

NIETS WORDT AAN HET TOEVAL OVERGELATEN

Ik heb het geluk dat ik golf in een tijdperk dat bol staat van technologische hulpmiddelen die mij niet alleen in staat stellen om (sneller) beter te gaan spelen, maar die me ook helpen om de golfswing beter te begrijpen. Je kunt op veel manieren een voorsprong krijgen en technologie is er een van. Ik sta altijd open voor noviteiten, zeker als ze me kunnen helpen om een betere speler te worden.

Ik heb nogal wat hulpmiddelen tot mijn beschikking en ik gebruik ze allemaal. Zo hebben hogesnelheid-videocamera's het voor me mogelijk gemaakt om mijn swing vanuit verschillende hoeken tegelijk te bekijken, waardoor ik het kleinste foutje er direct uithaal. Mijn swing kent ook geen vraagtekens meer, als ik een slechte bal sla hoef ik niet meer naar het hoe of waarom te raden, maar wéét ik wat ik fout heb gedaan.

Daarnaast worden mijn clubs exact op maat gemaakt, waarbij de uiterste precisie in acht wordt genomen met zaken als loft, ligging en flexibiliteit. De bal waar ik mee speel voelt en spint zoals ik het graag wil, terwijl mijn trainingsregime speciaal voor golf is ontworpen, met de nadruk op uithoudingsvermogen, kracht en flexibiliteit. Ik heb veel geleerd over voeding en het menselijk lichaam in het algemeen, terwijl ik door mijn kennis van de sportpsychologie zowel emotioneel als intellectueel een betere golfer ben geworden.

En dat allemaal om met een stok beter tegen een balletje te kunnen slaan...! Wat ik echt gaaf vind en waar ik nu al naar uit kan kijken zijn de ontdekkingen die op dit gebied nog in het verschiet liggen. We zullen er alleen maar betere golfers door worden.

EVEN AFREKENEN

Ik geef alles hier, en waarom ook niet? Ik had een prima setup, mijn backswing was soepel en niet gehaast en mijn timing voor de downswing precies goed. Na meer dan duizend soortgelijke foto's van mezelf bestudeerd te hebben, even voor clubblad en bal elkaar raken dus, kan ik u precies vertellen waar deze bal naar toe gaat: 280 meter door het midden met een lichte draw. (Een balvlucht van rechts naar links, EvGdN). Ik teken ervoor.

Alles wat ik gedaan heb vanaf het moment dat ik de club uit de tas trok, was hier op gericht. Er komt een ogenblik gedurende de swing dat je voelt dat alles goed zit en dan hou je ook niets meer achter. Het gebeurt me niet altijd, maar het gebeurt wel vaak genoeg om me, bij de gedachte alleen al, kippenvel te bezorgen. Dat ene moment als elk beetje kracht, snelheid en emotie uitsluitend en alleen op het raken van de bal is gericht. Dat moment dat niets met wetenschap te maken heeft maar alles met vreugde. Pure vreugde.

5
IJZERSLAGEN DIE DE VLAG DOEN TRILLEN

VEL DE VLAG

Alles in aanmerking nemend is het makkelijker om overdag te golfen dan 's nachts. Dat heb ik tenminste als jochie geleerd als mijn vader en ik de militaire golfbaan vlakbij ons huis opslopen, om net voor het invallen van de duisternis nog een paar holes te kunnen spelen. En in de laatste ronde van de NEC Invitational van 2000 op de Firestone Country Club deed ik het nog eens dunnetjes over. Ik stond fors aan de leiding op de 18de en het was zo donker dat het publiek rond de green aanstekers omhoog hield. Het was net een rock-concert. Mijn drive was niet slecht, want toen ik bij mijn bal kwam zag ik, voor zover dat ging tenminste, dat hij goed lag in de lichtere rough even naast de fairway. Ik had nog 154 meter te gaan en ofschoon ik met een flink aantal slagen leidde, wilde ik onder geen beding een slechte bal slaan. Integendeel, ik wilde in stijl eindigen.

Ik koos voor de ijzer-8 en maakte een paar oefenslagen om te zien hoe het met het gras was in relatie tot het clubblad. Ik voelde dat de ondergrond ondanks de regen nog behoorlijk stevig was, en ik dacht dan ook de normale afstand te kunnen slaan. Dus zette ik me achter de bal, sloeg en hoopte op het beste. Ik zag de bal nog wel vertrekken, maar verloor hem na zo'n 25 meter uit het oog. Even later hoorde ik wel een enorm gejuich bij de green, om wat later zelf te zien dat de bal op 60 centimeter van de hole tot stilstand was gekomen. De daaropvolgende birdie bezorgde me exact de overwinning die ik hebben wilde.

Terugblikkend moet ik zeggen dat ik ook een wedge had kunnen kiezen en de bal vlak voor de green - en dus ver van alle mogelijke ellende als bunkers en dergelijke - neer had kunnen leggen. Maar zodra ik een ijzer in de hand neem ga ik instinctief agressief spelen, want de ijzers zijn nu eenmaal de meest aanvallende wapens waarover een golfer beschikken kan. Bij mij begint de adrenaline dan ook te stromen op het moment dat ik een ijzer uit de tas trek. Daar namelijk begint het proces dat naar de birdies leidt, want weet wel: als je in staat bent om de bal dichtbij de hole te krijgen, ben je ook in staat om goed te scoren.

ALLES IS NIET WAT HET LIJKT

Vanuit wetenschappelijk standpunt bezien is golf een spel van tegenstrijdigheden. Ik denk dat het daarom zo moeilijk is voor nogal wat mensen. Veel van de dingen die gebeuren als de club de bal raakt zijn het tegenovergestelde van wat uw gevoel u zegt. Een voorbeeld: een schot dat van links naar rechts sliced doet dat omdat de club langs een van buiten-naar-binnen-swingbaan wordt gevoerd, terwijl het clubblad op het moment van impact open staat. Nog een voorbeeld: de druk van en op de grip. Als u de club te stevig vasthoudt omdat u de bal harder wilt raken, zult u juist het tegenovergestelde bereiken: gespannen spieren werken nu eenmaal minder goed dan hun ontspannen soortgenoten.

Het beste voorbeeld: om de bal met een ijzer de lucht in te krijgen, moet u op de bal in slaan, hem onderin raken dus.

Op de bal in slaan zorgt er niet alleen voor dat de bal de lucht ingaat, het zorgt ook voor backspin en een strakke vlucht

Als het clubblad naar beneden gericht is op het moment van impact, verlangen de natuurwetten dat de bal onhoog vliegt.

EEN BAL-POSITIE-ABC'TJE

De golfclub beschrijft een cirkelvormige baan tijdens de swing. Teneinde het clubblad de gelegenheid te geven de bal te raken als het steeds verder omlaag komt, dient uw stand ten opzichte van de bal zeer precies te zijn.

Bij de driver: de bal ligt tegenover mijn linkerhiel. Het clubblad beweegt zich pal voor impact op een horizontale, misschien zelfs al iets opwaartse lijn. Alleen met de driver mag u de bal een fractie in de upswing raken.

Bij de ijzer-5: de bal ligt iets van het midden af. Toch kan ik nog steeds goed op de bal inslaan omdat mijn lichaam tijdens de downswing een zijdelingse beweging maakt, waardoor het clubblad de bal goed onderin kan raken.

Bij de pitching wedge: met mijn wedges wil ik nog iets scherper op de bal in kunnen slaan. Daarom ligt de bal exact in het midden van mijn stand. Ook is er minder zijdelingse lichaamsbeweging met mijn korte ijzers omdat de swing korter is.

DE IJZER-5

WERK AAN EEN STABIELE BASIS

Ieder golfschot bestaat uit een mix van balans, stabiliteit en, ongedwongen, beweging. Factoren die sterk beïnvloed worden door de breedte van uw stand in de adrespositie. Die standbreedte is voor de ijzerslagen van nog meer belang. Uw ijzers immers zijn de precisieclubs bij uitstek, waarvoor u dus een basis nodig heeft die staat als een huis.

▲*Driver en fairway woods:* mijn voeten staan wijd uit elkaar om zowel de grote schouderdraai als de snelle beweging van het bovenlichaam adequaat op te kunnen vangen. Een smallere stand neigt tot 'swayen' (het lichaam beweegt zich naar de bal toe in plaats dat de heupen van de bal wegdraaien), terwijl een bredere de gewichtsoverbrenging belemmert.

▲*Korte slagen:* mijn swing met de korte ijzers is niet erg lang, terwijl ik zelden al mijn kracht gebruik. Ik heb daarom ook geen brede basis nodig, terwijl die basis bij de pitch en chip shots zelfs nog iets minder breed is.

◀*De ijzer-5:* naarmate de club korter wordt, wordt de stand minder breed. Hoewel mijn stand breed genoeg is om in balans te blijven, staan mijn voeten niet zo dicht bij elkaar dat het de beweging in mijn bovenlichaam belemmert. De enige manier om zo constant mogelijk goede ballen te slaan, is de stand nooit te veranderen en dat geldt voor iedere club uit de tas.

Als ik mijn ijzers wat lager vastpak (choke down on the grip), gebeuren er drie dingen: ik sla de bal een fractie rechter, de balvlucht zal lager zijn en de bal zal minder snel stil vallen zodra hij de green raakt.

BIJ DEZE BACKSWING
IS ER GEEN HOUDEN
MEER AAN.

HOU UW KIN HOOG

Een goede houding is belangrijk voor ieder schot. Als ik de bal adresseer zie ik er op toe dat mijn rug tamelijk recht is en dat mijn knieën licht gebogen zijn. Nu pas is mijn lichaam klaar om vrijuit in beide richtingen te bewegen tijdens de swing. Een van de belangrijkste aspecten van een goede houding is het hooghouden van de kin tijdens de adrespositie. Het is iets waar zowel Butch als ik constant op let. Het is zo belangrijk omdat uw linkerschouder dan meer ruimte heeft om te draaien tijdens de backswing.

Zoals u ziet kunnen mijn schouders vrijuit draaien zonder door mijn kin belemmerd te worden. Zo was het echter niet altijd. Ik stond te dicht op de bal, waardoor ik min of meer genoodzaakt was om mijn kin naar beneden te houden om de bal nog te kunnen zien. Ik vond het soms zelfs benauwend en geen wonder, er was te weinig ruimte voor mijn schouders om te draaien en voor mijn armen om te swingen. Vandaag de dag sta ik verder van de bal vandaan, terwijl ik mijn kin tijdens de hele swing goed hoog hou. Door deze kleine aanpassing ben ik nu in staat om zowel tijdens backswing, downswing als follow through vrijuit te draaien.

Een ijzer-9 schot zal veel minder hooken of slicen dan een ijzer-5. Des te meer loft de club heeft, des te minder sidespin de bal krijgt.

DENK 'RUIM' TIJDENS DE BACKSWING

Een goede backswing is een combinatie van zowel horizontale als verticale beweging. De meeste amateurs gaan aan de verticale kant in de fout, ze starten de swing door de armen recht op te tillen en de polsen onmiddellijk te knikken. Doordat de backswing te verticaal is, zal de downswing dat ook zijn, waardoor men eerder geneigd zal zijn om op de bal in te hakken dan er soepel 'doorheen' te slaan.

Vergeet het horizontale gedeelte, de mooie ruime baan die u direct aan het begin van de backswing met de club beschrijft, dus niet. Overigens neem ik handen en armen al vroeg in die backswing van het lichaam af, terwijl mijn polsen al beginnen te knikken als het clubblad ongeveer op kniehoogte is.

Daardoor kan ik niet alleen meer kracht en snelheid opbouwen, mijn downswing zal ook nooit te steil zijn.

Een slechte start

Het begin van de backswing zoals ik het hier op de foto laat zien, is te steil en verticaal. De baan van mijn swing is nu al zo smal dat ik er op de top van de swing niets meer aan kan veranderen. U kunt er dan ook op rekenen dat de downswing eveneens te steil is en dat betekent te diepe divots, 'vette' slagen en een van hot naar her-balvlucht.

NEE DUS:
DIT IS EEN SLECHTE, TE STEILE EN TE BENAUWENDE BACKSWING.

JA DUS:
VERDER KUNNEN DE
HANDEN DOMWEG NIET
VAN HET HOOFD .

IK ZORG VOOR EENHEID IN DE BACKSWING

Ik geloof in een mooie, ruime backswing, niet eentje dus die als los zand in elkaar zit. Daarom wil ik niet dat mijn handen te ver van mijn bovenlichaam los komen, want dat leidt tot een 'namaak'-backswing. De club kan weliswaar parallel aan de doellijn lopen, maar wel enkel en alleen doordat de polsen te veel knikken. Dat heeft dan weer een 'weke' downswing tot gevolg, zo eentje waarmee je uitsluitend met armen en handen halfhartig door de bal heen gaat.

Ik probeer de club zo terug te nemen dat alles - heupen, schouders, armen en handen - als een eenheid werkt. Als mijn schouders namelijk een goede, volle draai maken, zorgen ze ervoor dat mijn armen vrijuit kunnen swingen en dat de club daar komt waar en hoe ik hem hebben wil.

Let op de rechterarm
Een goede manier om te voorkomen dat uw armen voor uw bovenlichaam uitracen, is om de positie van de rechterarm regelmatig te checken. Als Butch en ik met elkaar werken, let hij er dan ook op dat mijn rechterarm vóór de schouderdraai redelijk in de buurt van mijn zij blijft, om direct daarna voor mijn bovenlichaam te blijven. Kort en goed: ofschoon mijn armen niet mogen verkrampen, mogen ze ook weer niet te ver van mijn lichaam afdwalen.

SCHOUDERS EN ARMEN
ZORGEN SAMEN VOOR
HET TRANSPORT VAN DE
CLUB.

START DE DOWNSWING NOOIT TE SNEL

Als goede spelers het hebben over 'te snel zijn', zullen ze vrijwel altijd over de eerste bewegingen van de downswing spreken. Die eerste bewegingen namelijk mogen nóóit afgeraffeld worden. Wat u wilt is een geleidelijke versnelling, waardoor alle bewegingen zich niet alleen in de juiste volgorde afspelen, maar waardoor het clubblad op het moment van impact ook de grootste snelheid heeft bereikt. Als u de downswing te plotseling inzet, zullen snelheid en kracht al voor een groot deel verdwenen zijn als blad en bal elkaar ontmoeten.

Nogmaals: er mag gedurende de hele swing maar één echt snel moment optreden en dat is tijdens die, als het goed is, mooie maar kortstondige bovengenoemde ontmoeting.

TOT HIER IN DE OVERDRIVE, DAARNA KUNNEN ALLE REMMEN LOS.

NAAR BENEDEN EN ER DOORHEEN

Een van de sleutels om de bal goed te kunnen raken is om er 'doorheen' te slaan en niet er tegenaan. Ik zie de bal slechts als een object dat in de weg ligt als mijn clubblad naar beneden suist. Ik probeer mijn swing dus ook niet abrupt te beëindigen nadat ik de bal geslagen heb, integendeel, ik probeer te versnellen zolang dat nog kan.

7
PAR 3
cedes Champio ships

EEN ACCEPTABELE MISSER

Mijn slechtere slagen veranderen van dag tot dag, maar op de een of andere manier hoort dat bij het spel. Zo kan ik de bal de ene dag met een pull naar links sturen, om hem de dag daarop met een fade naar rechts te slaan. Kleine veranderingen in de balvlucht hoeven niet per se desastreus uit te pakken, als u er maar rekening mee houdt.

Ik leerde deze les tijdens het Mercedes Championship van 1997, waar ik na 54 holes samen met Tom Lehman aan de leiding ging. Slagregens zorgden ervoor dat de laatste ronde afgelast werd toen de eerste spelers nog maar net waren gestart. Wel zou er, ijs en weder dienende, later een play-off gehouden worden tussen Tom en mij. Die begon uiteindelijk in een lichte regen op de 170 meter lange par-3 zevende hole. Het was koud, Tom had de eer en hij sloeg zijn bal in de vijver links naast de green. In de wetenschap dat ik aan een par genoeg zou hebben voor de overwinning, wilde ik onder geen beding met de vlag flirten die gevaarlijk dicht bij die al even gevaarlijke vijver stond. Ik lijnde dus goed naar rechts op, omdat de ballen die ik vlak daarvoor tijdens de warming-up op de range had geslagen de neiging hadden naar links te gaan. Als ik de bal zou kunnen krijgen waar ik hem hebben wilde, kon ik daarna rustig twee keer putten voor de winst.

Ik sloeg een ijzer-6 en wat ik al dacht gebeurde, de bal ging meer naar links dan ik verwacht had. Ik was in ieder geval dolblij dat ik zover op rechts had opgelijnd, want de bal landde vlak bij het water op 20 centimeter van de hole. Gelukkig stopte hij wel direct, waarna ik de birdie maakte om met de beker én een lesje in course management te vertrekken.

DE TWEE DIVOTS

De speler die goed met zijn ijzers overweg kan herken je aan zijn bekwaamheid om een bal met gecontroleerde spin, vlucht en afstand te slaan. Tot aan mijn zege in The Masters van 1997 bezat ik die kwaliteiten niet. Slechts na een periode van keihard werken was ik in staat om mijn ijzers zo te slaan als ik het hebben wilde. Een van de swingveranderingen die ik maakte, veranderde de aanblik van mijn divots eveneens, zeker met mijn korte tot midden ijzers. Tot aan april 1997 sloeg ik diepe, zware divots die soms wel zo groot als een bord waren. Het mag er dan misschien stoer uitgezien hebben, het toonde niet alleen aan dat mijn downswing te diep was, maar ook dat ik het clubblad sloot na impact. Met als resultaat dat ik spin, balvlucht of afstand niet voldoende controleren kon. De verandering die ik aanbracht was het iets vlakker maken van mijn swing, zodat het clubblad op het moment van impact ook iets rechter tegen de bal aan zou komen.

De divots die ik na die verandering uit de grond sloeg zagen er totaal anders uit. Inplaats van lang, dik en breed waren ze nu lang, dun en smal en zo'n beetje even groot als een dollarbiljet. Als ik dat wil kan ik nog steeds een grote divot slaan, maar de ideale divot is lang en dun.

DE DIVOT IS NAUWELIJKS TE ZIEN EN ZO IS HET GOED.

Nog wat oorzaken voor de te diepe divot

Er zijn meer redenen aan te wijzen waarom divots diep en onregelmatig kunnen zijn. Het zou bijvoorbeeld kunnen dat de bal-stand-positie niet goed is, waardoor het clubblad te steil naar beneden moet komen. Het zou ook kunnen dat u de club alleen met armen en handen als het ware naar de bal 'werpt', inplaats van uw schouders mee te laten werken. Als de downswing tenslotte niet goed wordt ingezet, zal de diepe 'wond' die club en divot gemaakt hebben flink links van het doel wijzen.

EEN PRACHTIGE FINISH

Zoals je een leuk tochtje later nog eens op de kaart terug kunt 'lezen', zo is aan mijn follow through te zien wat er allemaal aan vooraf is gegaan. Ziet u bijvoorbeeld hoe gestrekt mijn armen zijn? Dat betekent dat mijn swing niet alleen mooi ruim was, maar dat mijn armen op het moment van impact óók goed gestrekt waren. Ziet u verder nog hoe ver mijn schouders teruggedraaid zijn? Dat toont weer aan dat ik een volledige schouderdraai heb gemaakt inplaats van alleen armen en handen te gebruiken. En ziet u, ten slotte, dat de punt van het clubblad recht naar beneden wijst? Dat geeft aan dat ik de club direct na impact, zonder excessief gebruik van de handen, op een natuurlijke wijze door heb laten komen.

OPTEEËN IS EEN KUNST OP ZICH

Als ik een par-3 hole speel gebruik ik altijd een tee. Door gebruik te maken van een tee bent u veel zekerder van een goed club-balcontact.

Hoe hoog u de bal opteed hangt af van de club die u gaat gebruiken en van de hoeveelheid spin die u de bal wenst te mee geven. Als ik een lang ijzer sla, tee ik de bal zo'n anderhalve centimeter op. Dat is behoorlijk hoog, maar omdat ik de bal als het ware van de tee af véég, is de kans klein dat ik de bal te hoog op het blad raken zal. Ik probeer ook altijd zo door de bal heen te slaan, dat de tee blijft staan en het gras nog 'natrilt' als de club al lang voorbij is.

De clubs met meer loft als de ijzers-7 tot 9, tee ik veel lager op, de tee zal dan nauwelijks boven het gras uitsteken. Al naar gelang de loft van de club groter wordt zullen houding en swing wat rechter worden, waardoor ik meer op de bal in zal kunnen slaan.

BEZINT EER GE BEGINT

De meeste amateurs waar ik mee speel hebben een bepaalde vaste strategie voor hun approach-slagen naar de green. Zo kunnen ze gewoon maar op de green mikken in de hoop een putt te mogen slaan die er of wel of misschien ook wel niet in zal gaan. Niet echt een strategie dus. Wat ze ook veel doen is keer op keer opnieuw op de vlag mikken, zonder al te veel na te denken wat de consequenties zijn als het schot wellicht wat minder is. Een dappere strategie, maar ze deugt voor geen meter.

Zelf lijn ik altijd op een specifiek gedeelte van de green op, al dan niet dicht bij de hole. Ik neem in overweging wat voor soort putt ik zal moeten slaan van de diverse plekken op de green, terwijl ik donders goed weet waar het wel eens mis zou kunnen gaan als ik de bal niet sla zoals gepland. Deze strategie is me gedurende mijn hele carrière goed van dienst geweest. In het bijzonder op banen als Augusta National, waar de supersnelle en lastige greens me vaak zullen dicteren een bepaalde plek aan te spelen die misschien wel zo'n 6 meter of meer van de hole af kan liggen.

Wat ik dus eigenlijk wil zeggen is dit: pak niet zomaar een club en sla. Solide ijzerspel heeft evenveel met course management en goede strategie te maken als met de techniek van de swing zelf.

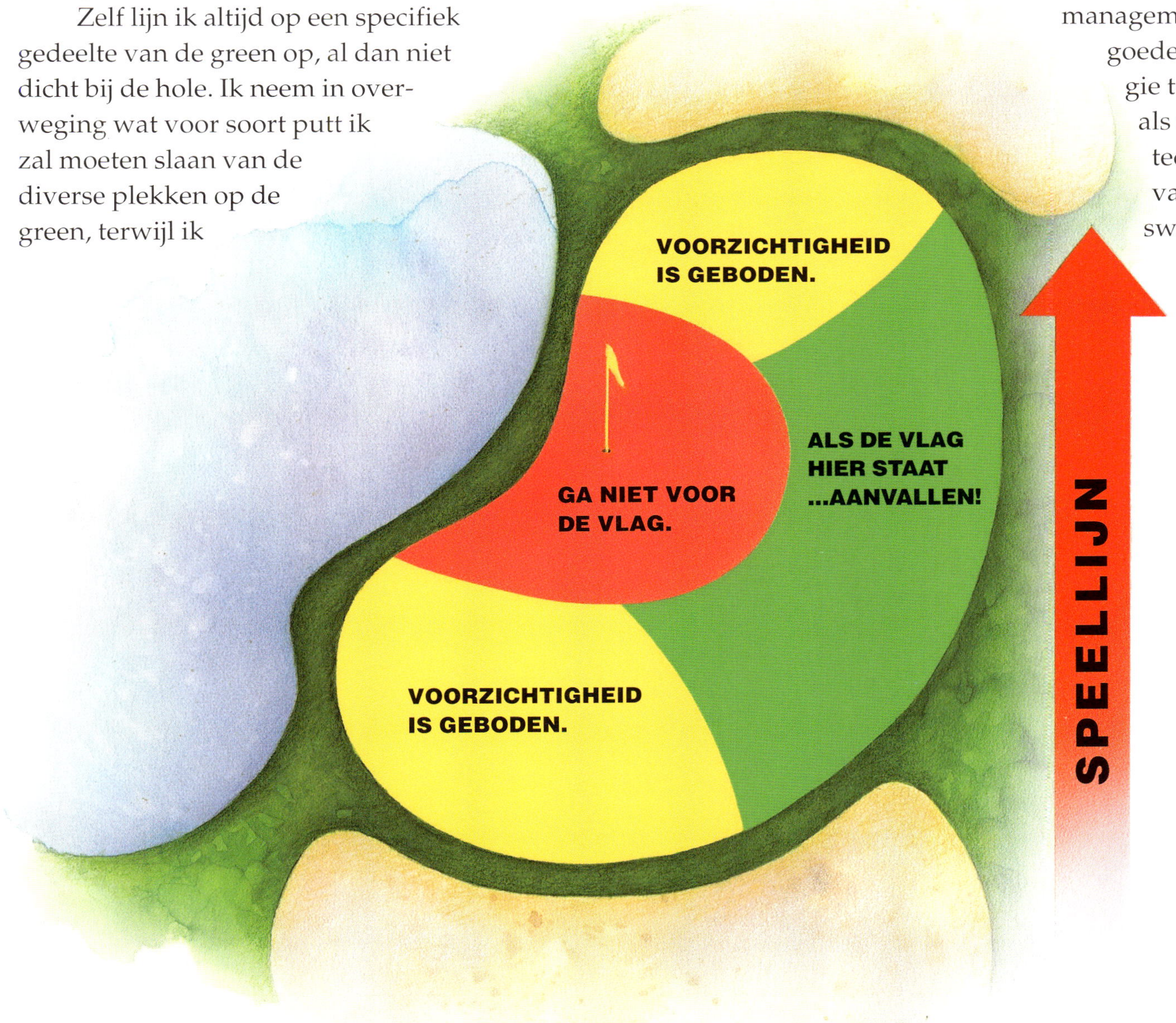

DE IJZER-2

In 1988 gingen Butch Harmon en ik aan een speciaal schot met de ijzer-2 werken. Ik noemde het mijn 'stinger' omdat de wind er absoluut geen vat op had en ik na de landing nog eens zo'n 70 meter rol meekreeg. Ik tee de bal laag en iets meer naar mijn rechtervoet op en zorg dat mijn handen goed voor de bal blijven, terwijl ik mijn knieën meer buig dan gewoonlijk.

Als ik mijn schouders tijdens de backswing volledig draai, zorg ik er tevens voor dat mijn knieën gebogen blijven. Als ik aan de downswing begin zie ik er op toe dat mijn handen en armen voor mijn borst blijven. Hoewel ik flink op de bal insla, let ik er wel op dat de downswing niet te steil is. Ook kom ik met flinke snelheid door de bal heen zonder mijn evenwicht te verliezen. Uit oogpunt van accuratesse hou ik het clubblad direct na impact zo recht mogelijk langs de doellijn, terwijl mijn follow through korter is dan bij andere clubs.

z.o.z. →

UITGERUST VOOR SUCCES

Mensen vragen me vaak of ze mijn clubs mogen bekijken. Ze zijn niet alleen nieuwsgierig welke clubs ik meeneem in de tas, maar ook naar het type 'wapen' dat ik gebruik. Ik kan u niets anders zeggen dan dat mijn ijzers zogenaamde blades zijn, die heel wat minder vergevingsgezind zijn dan uw eigen stokken. Maar ik hou van die clubs, want ze geven me niet alleen een goed gevoel, ze kunnen me ook precies 'vertellen' hoe ik een bepaalde bal heb gespeeld. Ook heb ik heel veel moeten oefenen om met dit type clubs te leren spelen. De gemiddelde amateur echter is veel meer gediend bij een set ijzers met zwaardere zool van het zogenaamde cavity-back ontwerp, die niet slechts prima resultaten oplevert bij off-centerslagen, maar u ook helpt om de bal de lucht in te krijgen. Het zal u opgevallen zijn dat ik ook een ijzer-2 en 3 in de tas heb. Tenzij u een handicap hebt van 4 of minder en dus veel club hoofdsnelheid kan genereren, raad ik u deze ijzers niet aan. Ze vragen niet alleen te veel van u, u zult ze waarschijnlijk ook maar zo'n 1 à 2 keer per ronde nodig hebben. Ik zou u veel eerder voor willen stellen om een paar van die toverstokken als een houten-5 of 7 te proberen. Daar zult u veel meer mee kunnen en ze zullen u heel wat slagen besparen. Eén ding zouden we wel gemeen moeten hebben en dat is meer dan één sand wedge in de tas. Eén enkele sand wedge werkt tegenwoordig niet meer. Voeg er daarentegen een lob wedge van zo'n 60 graden aan toe en u komt nog opgewekter thuis na uw ronde.

MIJN UITRUSTING IS VRIJ TRADITIONEEL.

NOG WAT AFSLUITENDE GEDACHTEN

Een van de geheimen van een goed ijzerspel is het allemaal zo simpel mogelijk houden. Het aantal situaties dat ik onderweg tegen kan komen is eindeloos, ze zijn echter allemaal met één en dezelfde swing - solide, repeating en zonder franje - op te vangen. Laten we daarom wat fundamentele zaken nog eens extra doornemen.

■ Des te langer het ijzer, des te verder de bal van mijn voeten afligt.

■ De langere ijzers 'veeg' ik als het ware van de tee of het gras, terwijl ik met alle andere op de bal insla. Verder vertrouw ik op de loft van de club om de bal de lucht in te krijgen.

■ De backswing met een ijzer is korter dan die met een houten club.

■ Om een goede timing te bevorderen start ik de downswing nooit te snel.

■ Het clubblad raakt eerst de bal en dan pas de grond. Zodoende sla ik de divot er pas uit als bal en clubblad elkaar verlaten hebben.

■ Ik haal nooit het uiterste uit mezelf. Voor een standaard schot zal ik niet meer dan zo'n 80% van mijn energie gebruiken.

■ Hoe slechter de ligging van de bal, hoe verder ik er vanaf ga staan.

■ Ik tee de bal op par-3 holes altijd op. Je moet van iedere mogelijkheid om beter te kunnen scoren gebruik maken.

■ De perfecte divot is zo'n beetje even groot en heeft ook dezelfde vorm als een dollarbiljet.

6

GEEF JE FAIRWAY WOODS DAT KLEINE BEETJE EXTRA

HET SPEL MET DE VEELZIJDIGE CLUBS

Terwijl de meeste amateurs hun houten-3 vrijwel uitsluitend voor fairway shots zullen gebruiken, sla ik met de mijne hoofdzakelijk van de tee. Omdat afstand geen probleem voor me is, gebruik ik de houten-3 vaak alleen maar om de bal in het spel te houden. Soms echter, als ik zo'n monsterachtig lange par-5 speel die bijna niet te halen is in twee, ben ik net als u. Ik ga met mijn houten-3 voor de green in de hoop zoveel mogelijk afstand te kunnen overbruggen zonder er precisie en controle voor in te moeten leveren. Het beste voorbeeld voor dit type schot is de houten-3 die ik sloeg op de 18de hole van Pebble Beach in de beslissende ronde van de AT&T Pebble Beach National Pro-Am van 1998.

Met nog één hole te gaan, had ik twee slagen meer op de kaart staan dan mijn goede vriend en buurman Mark O'Meara. Mark speelde pal achter me en ik wist dat alleen een eagle me nog een kans zou geven op de zege. Na een goede drive hield ik nog 244 meter naar de voorkant van de green over, maar het goede nieuws was dat we de bal schoon mochten maken en plaatsen, en dat alles dankzij de overvloedige regen die ons eerder in de week zo geteisterd had. Toch was het schot zelf niet echt makkelijk. Het was koud en de harde tegenwind waaide licht van rechts naar links of, met andere woorden, recht naar het water dat de linkerkant van zowel fairway als green bewaakte. Als de wind uit die richting komt, kies ik normaal gesproken voor een fade, waardoor de bal niet met de wind mee kan gaan maar er juist tegen in zal draaien. Om de green echter te kunnen bereiken moest ik een harde van rechts-naar-links-draw slaan om wat extra afstand op de bal te kunnen krijgen.

Ik lijnde de bal op de rand van de tribune op die rechts naast de green stond, nam mijn houding in en sloeg zo hard ik kon. Ik zag nog net geen rook uit het blad komen, maar de bal vloog - zoals ik hem in het plaatje in mijn hoofd al eerder geslagen had - schitterend van rechts naar links, om uiteindelijk vlak voor het midden van de green tot stilstand te komen. Ik heb de putt voor eagle niet kunnen maken, terwijl de tap-in voor birdie niet voldoende bleek om Mark nog te pakken te krijgen.

EEN COMFORTABELE POSITIE

De swing voor de houten clubs is, zoals ik het noem, een 'tweener', (afgeleid van 'in between', of er tussen in, EvGdN). Hij is niet zo lang of krachtig als die voor mijn driver, maar wel weer aanmerkelijk langer dan voor het normale ijzerschot. Mijn adrespositie hier is dan ook het ideale vertrekpunt voor deze 'middle of the road'-swingbeweging.

■ Ik hou mijn kin hoog.

■ Mijn rechterschouder is lager dan mijn linker.

■ Ik probeer zo ontspannen mogelijk te zijn. Daar concentreer ik me echt heel sterk op. Een solide contact is namelijk erg belangrijk en u kunt de bal nooit goed raken als er sprake is van spanning in uw handen, armen of benen.

■ Ik druk mijn rechterknie richting doel.

■ De bal ligt ongeveer 10 centimeter van mijn linkerhiel af. Meer dan bij de driver dus, maar nog wel een stuk dichter bij de linkervoet dan bij de rechter.

■ Hoewel redelijk breed is mijn stand minder breed dan bij de driver.

BACK- ÉN FORWARD SWING

Ik hou ervan om de bal zo 'clean' mogelijk van het gras te slaan, vegen is een beter woord, met een clubblad dat absoluut evenwijdig loopt aan de grond. Ik wil niet op de bal inslaan, terwijl ik 'm onder geen enkele voorwaarde in een opwaartse beweging wil raken zoals ik dat met de driver wel doe. Om dit te kunnen bewerkstelligen neem ik het clubblad op dezelfde manier van de bal weg als ik hem weer benaderen wil: laag bij de grond met een mooie, wijde baan. Dit is niet alleen goed om in de juiste swingbaan terecht te komen, het zorgt eveneens voor een goed tempo en een soepel ritme.

Als uw bal in de lichte rough ligt, kunt u beter een fairway wood gebruiken dan een lang ijzer.

EEN BELANGRIJK SCHOT OP AFROEP

Het lijdt geen twijfel dat ik op cruciale momenten in grote kampioenschappen het beste heb gepresteerd. Als het er werkelijk op aankwam heb ik altijd goed gespeeld, waardoor de indruk misschien is ontstaan dat ik mezelf als het ware kan dwingen om te presteren. Ik wou dat het waar was! Ook ik ken periodes dat ik niet scherp ben, dat mijn swing niet is wat hij zou moeten zijn en dat de putts niet vallen. Op die momenten kan geen enkele vorm van concentratie, positief denken of inspiratie er voor zorgen dat ik opeens veel beter ga spelen. Ik denk dat het bij de normale vallen-en-opstaan-cyclus hoort waar iedere atleet mee te maken krijgt. En zoals iedere golfer weet is het de kunst om goed te scoren als je slecht speelt.

Zelf maakte ik dat mee tijdens het PGA Championship van 1999 op de Medinah Country Club bij Chicago. Ondanks het feit dat ik op een zeker moment een voorsprong van vijf slagen had, zat ik niet lekker in mijn swingvel. Om de een of andere reden kon ik de bal niet goed met een draw slaan. Op mijn fades viel niets aan te merken, ik had de volledige controle over de normale balvlucht, maar mijn draws (een lichte, bewuste van rechts naar links-balvlucht, EvGdN) sloeg ik met een lelijke hook (een sterke, onbewuste van rechts naar links-balvlucht, EvGdN). Een serie halfhartige slagen en niet al te succesvolle herstelslagen stelde Sergio Garcia in staat om tot op één slag terug te komen met nog één hole - een lastige par-4 die van de tee om een van rechts naar links-balvlucht vroeg - te gaan. Mijn hersens maakten overuren op die 18de tee: zou ik gokken en de risicovolle draw slaan waardoor ik, als het goed af zou lopen, nog maar een kort tweede schot naar de green overhield? Of zou ik die vertrouwde fade slaan die de bal zeker - al was het een stuk verder bij de hole vandaan - naar de fairway brengen zou? Ik dacht er lang over na, voor ik besloot om de draw te slaan. Het ontwerp van de hole vroeg er om en ik was vastbesloten genoeg om het risico te nemen.

Ik teede de bal op, ging staan, haalde diep adem, mompelde: "Oké, raak 'm goed van binnen en laat-ie ook weer mooi terug komen", waarna ik een volledige draai maakte en de club agressief richting bal stuurde, terwijl ik mijn hoofd goed op rechts gericht hield. Misschien heb ik betere tee shots geslagen, ik kan het me alleen niet herinneren. In ieder geval smeulde het clubblad nog na toen het projectiel na een perfecte draw midden op de fairway tot stilstand kwam. Meer dan een pitching wedge had ik niet te gaan en twee putts later behoorde de zege mij toe. Het was een aangrijpend ogenblik, maar ik voelde me toch meer opgelucht dan blij en opgewonden.

Er is in golf geen moeilijker schot mogelijk dan dat waar je niet op hebt geoefend, of dat waar je van vóélt dat je het niet kunt slaan. Een van de tv-mensen zei me later dat het niet alleen met mijn moed en zelfvertrouwen wel goed zat, maar dat ik ook mijn zenuwen uitstekend in bedwang had op het moment dat ik sloeg.

Als u ook denkt dat het een moedig schot was, moet ik u toch iets opbiechten: ik sloeg geen driver maar een houten-3...

De manier waarop ik de laatste hole van het PGA Championship 1999 speelde, maakte de zware Wannaker Trophy zo licht als een veertje.

OP DE TOP VAN DE BACKSWING MOET U ZICH VOLLEDIG ONTSPANNEN EN IN EVENWICHT VOELEN.

EVENWICHT OP DE TOP

Ofschoon het fairway wood ontworpen is om de bal een fors eind weg te kunnen ranselen, wens ik geen millimeter accuratesse op te offeren. Ik hou mijn swing onder controle, verleng hem niet onnodig en let er tevens op dat ik nergens overbodige spanning voel.

Kijk nog maar eens goed, dan ziet u misschien dat deze swing anders is dan die met de driver. Mijn voeten staan stevig op de grond en ofschoon ik mijn heupen laat draaien, is mijn onderlichaam stiller dan bij de swing met de driver. Ziet u ook hoe ik mijn linkerarm iets buig bij de elleboog? Door hem op deze manier soepel en buigzaam te houden, kan ik genoeg snelheid genereren zonder gevoel of controle in te moeten leveren. Ook is de steel van de club niet helemaal parallel aan de doellijn. Mijn schouderdraai is zeer behoorlijk, maar ik wil niet dat de club met me op de loop gaat, vandaar dat ik mijn handen goed stil hou op de top van de swing.

IK BEN OPGEWONDEN ALS EEN VEER, MAAR VAN SPANNING IS GEEN SPRAKE.

MIS DE SWINGBAAN NIET

Het is voor iedere club in de tas van het grootste belang om via de ideale swingbaan naar de bal te kunnen zwaaien. Voor de fairway woods echter is het cruciaal. Halverwege de downswing wil ik graag zien dat de steel van mijn club een denkbeeldige lijn kan trekken met de bal. Als de club op dit punt meer naar de lucht zou wijzen, zou mijn downswing te steil zijn. Als de club op datzelfde punt echter vlakker zou zijn, zou ik mijn lichaam als het ware terug moeten laten spinnen om de bal nog te kunnen slaan.

Als de club langs de correcte swingbaan 'reist', gebeuren er twee goede dingen. In de eerste plaats voelt de club licht en uitgebalanceerd aan, waardoor het niet moeilijk is om de clubbladsnelheid te generen die ik nodig heb. In de tweede plaats, en dit is nog belangrijker, is er maar weinig kans om een hook of slice te slaan, omdat de club zich allesbehalve opgesloten voelt in die perfecte, denkbeeldige, tunnel die ik voor hem heb gecreëerd. Vanaf het punt op de foto is het daarom makkelijker om een goede bal te slaan dan een slechte en dat is een bevredigend gevoel dat alleen maar vertrouwen kan scheppen.

ALS IK TIJDENS DE SWINGBAAN OP DIT PUNT BEN AANGEKOMEN, IS DE REST VAN DE DOWNSWING EEN EITJE.

CLUB EN SPELER MOETEN ELKAAR LIGGEN

Als het goed is zou u met verschillende fairway woods moeten experimenteren voor u tot koop overgaat. Ook zult u - alvorens over loft, lie (ligging) en shaft flex (de flexibiliteit van de steel) te beslissen - eerst zeker moeten weten welk type clubhoofd voor u het best geschikt is.

Veelzijdigheidswaarde
Dit type club is bij amateurs zeer in trek, je komt ze zelfs al op de Senior PGA Tour tegen. Het clubblad is ondiep, terwijl het meeste gewicht zich langs de zool van het clubhoofd bevindt, waardoor de bal niet alleen hoger geslagen kan worden, maar ook beter uit lang gras komt.

Ideaal voor 'Jan Modaal'
Dit fairway wood is prima geschikt voor de huis-, tuin- en keukenamateur. De 'oversized' kop beschikt over een grote, vergevingsgezinde sweetspot. De bal gaat makkelijk de lucht in en de club is tevens uitstekend geschikt om op een smalle par-4 of een lange par-3 af te slaan.

Probeer deze maar liever niet
Mijn houten-3 - het enige fairway wood dat ik in de tas heb trouwens - ziet er uit zoals deze. Het clubhoofd is van gemiddelde grootte, terwijl het gewicht mooi over de hele club is verdeeld. Mij bezorgt het veel controle en een exceptioneel goed gevoel, maar je moet over veel clubhoofdsnelheid kunnen beschikken én de bal ook nog 's precies op de sweetspot raken om er iets aan te hebben. Ook is het geen goede club om vanaf een slechte ligging te gebruiken.

DE VEELZIJDIGE HOUTEN 'TOVER'STOK

EEN FAIRWAY WOOD MET EXTRA LOFT

DE HOUTEN-3

MIJN ADRESSEERPOSITIE IS EEN SOORT VOORBESCHOUWING OP DE HOOFDFILM.

IMPACT EN ADRESSEERPOSITIE

Het doel van een correcte adresseerpositie is het terugkrijgen van een identieke positie op het moment van impact. Deze twee foto's zijn natuurlijk niet gelijk - zo sta ik op de linkerfoto doodstil, terwijl ik op de rechter op het punt sta de bal met een vaart van zo'n 290 km per uur weg te rammen - maar ze zijn meer gelijk dan verschillend. U heeft ongetwijfeld al opgemerkt dat de shaft op beide foto's in vrijwel dezelfde positie staat, namelijk loodrecht op de doellijn. De hoek van mijn ruggengraat is gelijk, terwijl mijn hoofd zich vrijwel op dezelfde plek bevindt. Dit bewijst eens te meer dat de golfswing niet echt ingewikkeld hoeft te zijn.

De verschillen kunnen overigens aan snelheid en beweging toegeschreven worden. Op de rechterfoto maken mijn heupen en schouders een furieuze draai, waardoor ze wat open staan. Mijn armen zijn naar voren gericht omdat ze, met alle snelheid die ik maar op kan brengen, langs mijn lichaam moeten kunnen zwaaien. Ofschoon het op de foto niet goed te zien is, is mijn rechterhiel van de grond af om de bewegingen in mijn heupen en schouders beter mogelijk te maken.

De les: neem bij het adresseren een stand in die het u mogelijk maakt om zonder overbodige lichaamsbeweging de club toch vrijuit te kunnen laten swingen.

SUIZEN EN FLUITEN MOET DIE BAL

De belangrijkheid van zowel baan als vlucht van de golfbal staat voor mij als een paal boven water. Omdat een fairway wood een behoorlijke loft kan hebben, is het maar al te gemakkelijk om met een hoge, luie balvlucht genoegen te nemen. Dat is niet mijn stijl. Mijn bal moet 'sissend' van het clubblad springen, en wel zo hard dat de wind er zo min mogelijk vat op heeft en dat hij het luchtruim als het ware doorboort. Je moet 'm horen fluiten op de eerste paar meter van zijn vlucht.

Zo'n balvlucht is zeker niet alleen te danken aan het harde slaan. Veel heeft te maken met de hoek waarmee het clubblad de bal attaqueert, hoe solide de bal vervolgens wordt geraakt, plus het type club dat gebruikt wordt. U heeft meer aan uw fairway woods als u het volgende weet te bereiken: 1) de (aanvals)hoek van het clubblad moet recht op de bal staan; 2) de bal moet op het midden (de sweetspot) van het clubblad geraakt worden; en 3) u dient een club te gebruiken die bij u past.

'JAAG' MET UW RECHTERHAND OP DE BAL

Met tweede slagen op lange par-4 en korte par-5 holes, richt u zich op een behoorlijk klein doel. Accuratesse, hoe moeilijk bereikbaar ook, is dus van extreem belang. Denk er om dat het fairway wood een stuk langer is dan, zeg, uw ijzer-7 en dat het daarom ook een stuk moeilijker is om het gecontroleerd te kunnen hanteren. De beste manier om de bal op die lange en rechte koers te krijgen, is om het clubblad direct na impact zo lang als maar mogelijk is recht op de doellijn te houden. Op die manier jaagt u de bal met uw rechterhand als het ware na, terwijl u het clubhoofd laag bij de grond houdt en uw rechterarm volledig gestrekt. En zo hoort het ook.

ALS DE BAL NAAR LINKS MOET

Slechts na jaren van oefening ben ik in staat om mijn afslagen die richting te geven die ik hebben wil zonder het karakter van mijn swing te wijzigen. Het resultaat van al dit werk was dat ik mijn zesde professionele Major won en wel de vierde op rij: The Masters van 2001. De 13de hole van Augusta National is een par-5 die op zo'n 210 meter van de tee sterk naar links buigt. De speler die daar op afroep een lange, gecontroleerde draw kan slaan is flink in het voordeel, want zodra de bal 'de hoek om is' kan hij wel tot op 180 meter van de green doorrollen. Door het bijna ongrijpbare karakter van de harde, glooiende green, is het op deze hole daarom een geschenk om het tweede schot met een middellang ijzer in plaats van een lang te kunnen slaan.

Ver voor ik naar Augusta ging, heb ik die bewuste, gecontroleerde draw met zowel mijn driver als mijn houten-3 geoefend. Twee maanden lang heb ik op de oefenbaan wat extra tijd aan dat speciale schot besteed, telkens met één laatste gedachte voor ik de club naar achteren bracht: draw! Ik begon dat schot steeds beter te slaan in de oefensessies, maar zou ik het onder druk ook kunnen?

Daar kwam ik in de laatste ronde achter. Met Phil Mickelson en David Duval hijgend in mijn nek, kwam ik met een nipte voorsprong vastbesloten op de tee van 13 aan: die bal zal en moet vliegen zoals ik dat wil. Met de wetenschap dat ik goed was voorbereid pakte ik vol vertrouwen mijn houten-3 en gaf de bal ervan langs. Hij suisde dan ook niet alleen de hoek om, maar kwam op exact 167 meter van de green midden op de fairway tot stilstand. De tweede slag was niet moeilijk meer en de daaropvolgende birdie zorgde ervoor dat ik aan de leiding blééf. Tot het bittere (zoete?) eind zoals blijken zou...

7
EEN ROOKPLUIM UIT DE DRIVER

GEEF ALLES WAT JE HEBT

Als er ook maar één club in de tas belangrijker is dan alle anderen, is het de driver, en wel om de volgende redenen. Een goede drive maakt allerlei andere dingen mogelijk. Mijn kansen om een birdie of zelfs een eagle te maken worden enorm verhoogd als ik een solide, lange drive geslagen heb. En als de swing met mijn driver goed is, is de kans dat ik met mijn ijzers goed zal swingen ook groter. Toch heeft het voor mij niets met tactische en/of technische redenen te maken waardoor de driver mijn club uit duizenden is. Hij bezit dat speciale vermogen om me ergens boven uit te tillen, me - ook geestelijk - net die kleine voorsprong te geven die ik nodig heb. Een super drive die op de middelste maaibaan tot rust komt, geeft me kracht, energie en zelfvertrouwen. En als ik me door een onzinnige bogey misschien wat teneergeslagen voel, helpt een goede drive op de volgende hole me het snelst weer op weg.

Nergens was die emotionele lift na een solide drive meer duidelijk - of meer nodig - dan op de laatste hole van The Masters in 2001. Ik stapte de tee van de par-4 18de hole op in de wetenschap dat ik de titel op zak had mits ik een par zou maken. Een bogey zou een play-off met David Duval tot gevolg hebben, waardoor ik wel aanvallend móést spelen. Dus koos ik voor de driver, nam de stand voor een fade in (de 18de op Augusta National is een dogleg naar rechts, EvGdN) en sloeg even agressief als ik de hele week al had gedaan. Tv-kijkers zagen dat ik mijn follow through lang aanhield, misschien dachten ze wel dat ik van het moment genoot, maar ik probeerde alleen maar te zien waar de bal neerkwam. Hij verdween echter letterlijk uit mijn gezichtsveld en ik vermoedde dat ik hem iets te veel naar rechts had gestuurd. Even later zág ik een bal in de lichte rough rechts van de fairway, maar het bleek Phil Mickelsons bal en niet de mijne. Dus keek ik verder richting green en, het was bijna niet te geloven, daar lag-ie, prachtig op de fairway en nog maar 71 meter bij de green vandaan. Man, wat was ik opgelucht én opgewonden. Het korte wedge shot dat ik overhield stelde niets voor en één putt later bezat ik niet alleen een tweede groene blazer, mijn vierde Major-titel op rij was eveneens een feit.

EEN FUNDERING DIE KRACHT UITSTRAALT

Mijn stand voor de driver is breder dan voor elke andere club. Dat komt omdat mijn drivers swing langer, breder en - in ieder geval tijdens de downswing - een stuk sneller is. Door mijn voeten iets wijder uit elkaar te zetten dan mijn schouders breed zijn, krijg ik de stabiliteit die ik nodig heb om de bal werkelijk aan te kunnen vallen. Ik buig mijn knieën heel licht, net voldoende eigenlijk om ze goed bij de les te houden, waardoor ze de beweging in mijn onder- en bovenlichaam doeltreffend kunnen ondersteunen.

Ik let ook terdege op de positie van mijn voeten. Ik heb uitgevonden dat als ik mijn rechtervoet een fractie meer naar rechts schuif, ik in staat ben om een bescheiden draai met de heupen te maken zonder mijn knie en dij te veel te belasten. Mijn linkervoet laat ik weer iets meer richting doel wijzen. Dit weerhoudt me ervan om mijn heupen tijdens de backswing te ver door te draaien. Hierdoor kan mijn bovenlichaam van downswing tot follow through vrijelijk bewegen zonder al te veel druk op mijn been en rug te leggen.

Ten slotte druk ik mijn rechterknie iets naar binnen, waardoor ik tijdens de backswing niet alleen beter kan draaien, maar mijn gewicht ook gemakkelijker naar links over kan brengen.

Extra breedte voor extra lengte

Als ik een par-5 hole speel die in twee bereikbaar is en de fairway is breed genoeg, zal ik soms uit volle kracht slaan. Als ik dat doe zet ik mijn voeten nog iets verder uit elkaar dan ik normaal al met de driver zou doen. Dat bezorgt me een steviger basis waardoor ik mijn evenwicht niet kan verliezen. Verder helpt die bredere stand me om het grootste deel van mijn lichaamsgewicht aan mijn rechterkant te laten rusten. Een van de sleutels naar meer afstand is om het bovenlichaam tijdens de downswing rechts van de bal te houden: een bredere stand zal ook daarbij helpen. Des te breder de stand overigens, des te moeilijker het zal zijn om tijdens de forward swing zijwaarts te bewegen; het zogenaamde swayen.

BIJ EEN GOED GEBOUWD HUIS IS DE FUNDERING HET BREEDST. HETZELFDE GELDT VOOR MIJN SETUP, MIJN VOETEN STAAN WIJDER UIT ELKAAR DAN MIJN SCHOUDERS BREED ZIJN.

EEN KRACHTIG BEGIN

Voor alle clubs uit de tas geldt bij de backswing dezelfde bewegingsvolgorde. Bij de driver echter let ik wat meer op mijn heupen. Ik wil er namelijk absoluut zeker van zijn dat die naar rechts drááien in plaats van een beetje halfslachtig te wenden of glijden. Het draaien van de heupen is een van de eerste signalen dat ik kracht aan het ontwikkelen ben. Deze roterende beweging in mijn heupen en schouders kan goed met het spannen van een reusachtige veer vergeleken worden.

DE HEUPEN DRAAIEN GOED.

HIER GLIJDEN DE HEUPEN WEG, HET ZOGENAAMDE SWAYEN, WAT ZO'N BEETJE DE ERGSTE FOUT IS DIE JE MAKEN KAN TIJDENS DE BACKSWING.

Tegen de tijd dat ik de top heb bereikt met de club zijn heupen en schouders weer klaar om met grote snelheid ontspannen te worden.

De meest voorkomende fout bij de backswing

Door uw heupen zijwaarts naar rechts te laten glijden (swayen) in plaats van te draaien, moet u ook weer via diezelfde glijdende beweging terug teneinde de bal te kunnen raken. Die beweging is niet alleen moeilijk te timen, de snelheid zal met de helft ingekort worden, omdat die glijdende beweging veel minder krachtig is dan de roterende. Het kan helpen om uw gewicht op de binnenkant van uw rechtervoet te houden, waardoor de hoek van uw rechterbeen gelijk blijft tijdens de backswing. Zelf heb ik hier van jongs af aan aan gewerkt en het is de merknaam van mijn swing geworden.

DENK 'LANG EN BREED'

Ik heb twee pertinente doelen bij de backswing. Ik wil een zo wijd mogelijke swingboog bewerkstelligen en daarnaast wil ik mijn gewicht naar mijn rechterkant overbrengen zonder te swayen. Ik probeer het uiteinde van de shaft zo ver mogelijk van mijn rechterheup te houden en de schouderdraai zorgt daarvoor. U ziet dat mijn rechterbeen iets naar het doel buigt, ofschoon ik mijn gewicht al naar rechts heb getransporteerd.

DE SCHOUDERS DRAAIEN VERDER DAN DE HEUPEN

Ik draai mijn schouders met de driver zo ver als maar mogelijk is. Mijn heupen draaien natuurlijk ook, maar minder dan mijn schouders. Zodra de top van de backswing is bereikt, moet je aan de linkerkant een gezonde dosis spanning en weerstand voelen. Alles wat ik vanaf dit punt nog moet doen, is het licht terugdraaien van de heupen waarna mijn schouders als vanzelf en met grote snelheid (het ontspannen van de veer...) zullen volgen.

Als ik de wind mee heb op de tee, laat ik de driver vaak in de tas en neem ik de houten-3. Onder die omstandigheden sla ik de bal namelijk niet alleen even ver, ik verhoog mijn kansen om recht te slaan er eveneens mee.

IK DRAAI MIJN LINKER- SCHOUDER ONDER MIJN KIN

Als mijn linkerschouder onder mijn kin uitkomt, weet ik dat ik een goede en volle schouderdraai heb gemaakt. Ik probeer altijd om mijn schouders vanaf de adrespositie tenminste 90 graden te draaien. In dat geval is mijn linkerschouder ook goed achter de bal op de top van de backswing. Butch Harmon heeft me ooit verteld dat de shirts van Ben Hogan slijtplekken vertoonden op de plek waar de linkerschouder onder de kin kwam.

Hoe dan ook, een volle schouderdraai betekent gewoon dat ik tijdens de downswing niets hoef te forceren. Mijn schouders zullen snel maar soepel terugdraaien, de beide armen ondertussen meevoerend op de 'snelweg' naar het golfers moment suprême: impact.

AFSLAAN MET AFLEIDING

De swing met de driver is de meest lichamelijke en atletische actie in golf. Het geestelijke aspect is er echter niet minder om. Om de bal doorlopend lang en recht te kunnen slaan, mag je je concentratie geen moment laten verslappen. Je moet volkomen ontoegankelijk zijn voor afleiding en immuun voor gedachtegoed dat niets met je swing te maken heeft. Omdat de swing met de driver lang is en de ontwikkelde snelheid enorm, is een goede timing van extreem belang. Als u iets of iemand toestaat om u uit uw concentratie te halen, zullen tempo en ritme verstoord worden.

Voor mij is het, alleen al door het simpele feit dat ik geen drive kan slaan zonder grote aantallen mensen om me heen, bepaald geen sinecure om goed geconcentreerd te blijven.

Ook wordt het publiek zo stil als ik ga slaan, dat het een kanonschot lijkt als iemand toch iets zegt of als een fotograaf zich niet beheerst. Ik heb mezelf dan ook ten doel gesteld om dusdanig geconcentreerd te zijn én te blijven dat ik dat soort geluiden of niet hoor, of ze domweg niet toesta mijn swing te beïnvloeden.

In de laatste ronde van The Masters van 2001, kwam ik op de 15de tee aan met een nipte voorsprong - mijn kaart liet één slag minder zien - op David Duval. De drive op Augusta's 15de, een par-5 die in twee slagen haalbaar is, is kritiek. Na een lange, accurate drive kan de harde, glooiende green namelijk met een middellang ijzer - het schot moet nog wel over water - aangespeeld worden. Op deze hole staat het maken van een par gelijk aan een bogey, want de meeste pro's zullen hier met een birdie of misschien wel een eagle van de green stappen. Aan deze dingen dacht ik allemaal toen ik me voorbereidde op het schot en uiteindelijk achter de bal ging staan.

Ik maakte een mooie, volle backswing en stond op het punt mijn downswing in te zetten toen er opeens een camera klikte. Ofschoon behoorlijk geschrokken was ik op de een of andere manier toch nog in staat om de swing af te breken voor het te laat was. En maar goed ook, want die tweede groene blazer stond me nog beter dan de eerste...

Het is duidelijk: goede drives hebben niet alleen met techniek te maken, maar ook met concentratie.

MOOI HAAKS IS NIET LELIJK

De positie die u op de top van de backswing inneemt is, we hebben het er al eerder over gehad, een 'voorbeschouwing' op de blad-bal-positie bij impact. Een van de doelen waar ik naar streef is een haaks clubblad en daar bedoel ik mee dat het blad parallel aan mijn linkervoorarm moet lopen. Als de teen van het blad meer naar de grond zou wijzen, zou het open staan waardoor ik geneigd zou zijn een behoorlijke slice te slaan. Als het blad daarentegen recht naar de lucht zou wijzen, zou het gesloten zijn met als resultaat een forse hook.

HOU DE CLUB NIET HELEMAAL HORIZONTAAL

Ofschoon ik in een grote, wijde schouderdraai geloof, hou ik er niet van om de club te ver door te zwaaien. Het is overigens niet de schuld van de schouders als dat gebeurt. Het komt of omdat de linkerarm bij de elleboog te veel buigt, of omdat de grip niet stevig genoeg is. Als de shaft zo ver doorzwaait bent u geneigd de club met de handen als het ware naar beneden te 'werpen', in plaats van de 'schouderveer los te laten' en schouders en armen het werk op de juiste manier te laten doen.

HET ONDERLICHAAM LEIDT DE DANS

De bewegingsvolgorde bij de downswing start op de grond. U begint met het overhevelen van uw gewicht naar het linkerbeen, waarna u een zo groot mogelijke draai met de heupen maakt. De schouders komen pas daarna want zoals u op de foto kunt zien, staan ze nog steeds volkomen haaks op het doel, terwijl mijn heupen al naar links wijzen. De armen en handen ten slotte zijn het laatst aan de beurt. Als alles op deze wijze verloopt, ontmoeten clubhoofd en bal elkaar zoals het moet: hard en haaks.

Denk er wel aan dat het begin van deze 'kettingreactie' niet te gehaast wordt uitgevoerd. Als u dat wel doet is de kans groot dat de schouders door te snel terug te draaien de gevreesde 'over de top'-beweging uitvoeren, waarbij club en bal elkaar op een out-to-in ofwel een van buiten naar binnen-baan zullen ontmoeten. Een 'ontmoeting' die niet alleen tot een verlies aan kracht zal leiden, maar zeer waarschijnlijk ook tot een flinke slice naar rechts.

MET 'TREKKEBEEN' MEER AFSTAND

Als ik zo'n meter of twintig extra lengte wil, voer ik even voor het moment van impact een speciale beweging in mijn onderlichaam uit. Ik heb uitgevonden dat door het snel rechttrekken van mijn linkerbeen mijn heupen wat sneller weg kunnen draaien, waardoor mijn schouders, armen, handen en benen ook weer sneller gaan bewegen. Dit is een onorthodoxe oplossing met maar één doel voor ogen, namelijk het ontwikkelen van extra kracht en snelheid. Als ik meer afstand wil, trek ik dat linkerbeen, zoals op de foto goed te zien is, dus zo snel mogelijk recht bij de downswing.

Als u de bal absoluut recht wilt slaan, probeer dan eens om hem iets lager op te teeën. Op die manier zal hij zowel minder slicen als hooken.

MIJN SCHOUDERS EN ARMEN WERKEN ALS ÉÉN

Een swingprobleem waar ik voortdurend op moet letten is het te snel terug draaien van mijn schouders, waardoor mijn armen voor de schouders uit racen. (Tijdens de BBC-uitzendingen van het Britse Open 2001, wezen zowel Alex Hay als Peter Alliss de kijker regelmatig op deze fout. In de meeste gevallen sloeg Tiger zijn drive met een flinke slice rechts de rough in, EvGdN) Daardoor moet ik het clubhoofd van ver binnen de swingbaan als het ware naar de bal toe sleuren, waardoor ik mijn handen weer furieus moet draaien om het blad alsnog haaks op de bal te kunnen krijgen. Als ik te weinig draai slice ik de bal naar rechts en als ik ze te veel draai sla ik een hook.

Mijn doel - zoals u op deze vlak na het moment van impact gemaakte foto kunt zien - is om de armen tijdens de downswing zoveel mogelijk voor het lichaam te houden. U ziet dat ik de armen voor mijn borst hou en dat mijn schouders slechts licht links van het doel wijzen. De timing van deze swing was perfect, dus gelooft u maar rustig dat ik een gecontroleerde 'raket' geslagen heb.

■ Mijn hoofd blijft goed op rechts als mijn armen langs mijn lichaam zwaaien.
■ Mijn rechterelleboog is pal voor mijn rechterheup: een teken dat ik de zaak onder controle heb.
■ Op het moment van impact is de club verticaal, zoals hij dat ook tijdens de adrespositie was.
■ De middelpuntvliedende kracht zorgt ervoor dat mijn linkerarm recht en gestrekt is.
■ Het merk op het handschoentje is zichtbaar, het bewijs dat ik mijn handen niet te veel heb gedraaid.
■ Ruim 80% van mijn gewicht rust op mijn linkerbeen en voet.

NA EEN GOEDE EN VOLLEDIGE FOLLOW THROUGH ZIJN ALLE SPIKES ONDER MIJN RECHTERSCHOEN ZICHTBAAR.

HET BETERE VOETENWERK

Er is al veel gezegd en geschreven over het voetenwerk tijdens de swing, zelf echter heb ik de voeten nooit als superactieve onderdelen van het geheel gezien. Ik geloof dat ze slechts reageren op bewegingen die door andere lichaamsdelen worden uitgevoerd. Als uw voetenwerk er niet uitziet zoals het hoort, is dat ook echt omdat er iets anders niet in orde is aan uw swing.

Ik sta mijn rechtervoet overigens toe om even voor impact van de grond te komen. Ik kan niet anders, mijn heupen en schouders draaien zo snel en mijn gewicht wordt dermate agressief verplaatst dat ik mijn rug zou belasten, of misschien zelfs bezeren, als ik mijn rechterhiel wel op de grond zou houden. Als mijn rechterhiel aan de grond 'gelijmd' zou blijven, zou ik mijn onderlichaam trouwens niet goed genoeg gebruiken.

Een teken van goed evenwicht

Bij de follow through draait mijn rechtervoet op de teen naar boven en worden alle spikes zichtbaar. Dat is het bewijs van een juiste gewichtsverdeling tijdens de downswing en van een volledige, goed uitgevoerde follow through. Deze eindhouding zou ik, zonder mijn evenwicht te verliezen, even vol moeten kunnen houden.

MIJN SWING DOOR DE JAREN HEEN

Ik was een behoorlijke speler toen ik 16 was, goed genoeg in ieder geval om twee U.S. Junior Amateur-titels te winnen met nog een derde in het vat. Mijn swingtechniek echter was destijds minder solide dan op mijn 20ste, om over mijn 24ste maar te zwijgen. Er is altijd ruimte voor verbetering, want als u goed naar deze reeks kijkt kunt u precies zien hoe ver ik gekomen ben.

De grootste verbetering is zichtbaar in de wijze waarop ik mijn onderlichaam gebruik. Als jongen zwiepte ik mijn heupen en schouders tijdens de downswing letterlijk door de bal. Ze bewogen zo snel dat mijn armen domweg niet bij konden blijven. Timing is voor mij dus ook van het allergrootste belang. Sinds of misschien wel dankzij die vroege jaren, heb ik geleerd om mijn heupen, schouders en armen meer als een eenheid te laten werken.

HIER BEN IK 16...

HIER 20...

EN HIER 24

Z.O.Z. →

EEN HANDDRUK OP AFSTAND

Als Butch Harmon me ergens graag aan herinnert is het aan 'het doel de hand schudden'. Zoals u kunt zien wijst mijn rechterarm niet alleen recht langs de doellijn, volledig gestrekt (de hand schudden...) is hij eveneens.

Door alleen maar naar deze foto te kijken kan ik zien dat ik een draw heb geslagen. Mijn rechteronderarm rolt namelijk over de linker, hetgeen betekent dat mijn handen het clubblad op een natuurlijke wijze hetzij haaks, hetzij licht gesloten naar de impactpositie hebben geleid.

HOE IK MET DE DRIVER VAN DE FAIRWAY SLA

Als ik een superlange par-5 hole speel, hou ik soms zo'n ver tweede schot over dat ik aan een houten-3 niet genoeg heb. Als de bal echt goed ligt neem ik de driver voor die slag. Overigens is het zelfs voor mij een lastig schot om constant goed uit te voeren, maar de beloning kan groot zijn, zeker als ik de bal zo'n 270 meter weg krijg.

Het eerste wat ik bij een dergelijk schot doe is de bal in de stand ongeveer 2 tot 3 centimeter meer naar het midden brengen. Mijn handen positioneer ik zo dat ze vrijwel één lijn vormen met de bal. Ook open ik mijn stand een fractie, maar dat komt omdat ik dit schot uitsluitend en alleen met een fade wil slaan. Mijn backswing is lang en ik zorg er voor dat ik een volle schouderdraai maak. Timing is essentieel bij dit type schot, waardoor ik absoluut niets te gehaast zal doen. Ik begin rustig aan de downswing, om vervolgens zoveel snelheid te ontwikkelen dat je het clubhoofd letterlijk door de lucht hoort suizen tegen de tijd dat het de bal bereikt. Die bal wil ik, zonder een divot te slaan, zo zuiver mogelijk van het gras 'vegen'. Als alles goed is, zal hij als een kogel vertrekken, direct na 'take-off' iets naar links buigen, dan weer een flauwe bocht naar rechts maken, om vervolgens in een rechte baan te belanden en uiteindelijk nog een lekker stuk door te rollen.

ZOWEL SETUP ALS SWING ZIJN EROP GERICHT OM DE BAL ALS HET WARE VAN HET GRAS TE VEGEN.

EEN ZEER SNELLE CAMERA NOG TE SNEL AF

Ik heb het tot nog toe weinig over de hoeveelheid clubhoofdsnelheid gehad die ik 'door de bal heen' weet te ontwikkelen. Dit zijn de getallen van een analyse uit 1998: mijn clubhoofd beweegt zich langs de swingbaan met een snelheid van ruim 191 km per uur, terwijl de bal met bijna 290 km van het blad springt. Dat is nog niet zo snel als sommige mannen die aan nationale longest drive-competities deelnemen, maar voor een PGA Tour pro is het snel, heel snel. Het resultaat van die snelheid is weer dat ik met alle clubs uit de tas flinke afstanden kan overbruggen. Het spel werd een stuk makkelijker voor

me toen ik niet alleen in staat was om de meeste par-5 holes in twee slagen te halen, maar de bal ook met minder kracht hoger en rustiger kon gaan slaan.

Alle foto's die u hier en op de volgende pagina's ziet zijn in 1998 genomen. De camera die we voor dit soort swingreeksen gebruiken is een Hulcher, die in staat is om 65 opnamen per seconde te maken. Toen de foto's van die bepaalde dag eenmaal ontwikkeld waren, vertelden de redacteuren van Golf Digest me dat ze van het moment van impact praktisch geen opnamen van me hadden. Mijn clubblad ging dermate snel door de bal dat de camera dat bijzondere ogenblik slechts een paar keer te pakken wist te krijgen. Bij volgende sessies vroegen ze me dan ook wat extra swings te maken, waardoor ze het balcontact vanuit verschillende cameraposities meerdere malen wél goed konden vereeuwigen.

IK GEEF MIJN BACKSWING EEN VOORSPRONG DOOR MIJN BOVENLICHAAM TIJDENS HET ADRESSEREN LICHT NAAR RECHTS TE VERPLAATSEN.

DOOR AL VROEG ZO VER MOGELIJK TE STREKKEN KAN EEN WIJDE, KRACHTIGE SWINGBOOG WORDEN GECREËERD.

MIJN SCHOUDERS HEB IK ZO VER MOGELIJK GEDRAAID.

MIJN HEUPEN STAAN OPEN EN WIJZEN AL NAAR HET DOEL, TERWIJL MIJN SCHOUDERS NOG OP RECHTS STAAN OPGE-LIJND.

MIJN ARMEN BEVINDEN ZICH RECHT TEGENOVER MIJN BORST, HET HANDSCHRIFT VAN EEN GOED GETIMEDE DOWNSWING.

OFSCHOON IK MIJN GEWICHT NAAR LINKS HEB VERPLAATST, IS MIJN HOOFD WAT MEER NAAR RECHTS DAN TIJDENS DE ADRESPOSITIE.

DIT IS HET ENIGE MOMENT TIJDENS DE SWING DAT BEIDE ARMEN MAXIMAAL GESTREKT ZIJN.

IK WEET DAT MIJN SWING GOED WAS ALS DE FOLLOW THROUGH MOOI IN EVENWICHT IS.

MIJN STAND IS BREED GENOEG OM VOOR VOLDOENDE STABILITEIT TE ZORGEN EN SMAL GENOEG OM VRIJUIT TE KUNNEN DRAAIEN.

IK LAAT MIJN GEWICHT NOOIT NAAR DE RECHTERKANT VAN MIJN RECHTERVOET 'AFDWALEN'.

DE SHAFT VAN DE CLUB HOEFT VOOR MIJ NIET HELEMAAL PARALLEL TE ZIJN OM TOCH SNELHEID EN KRACHT TE KUNNEN ONTWIKKELEN.

IK LAAT DE CLUB VROEG IN DE DOWNSWING ALS HET WARE IN POSITIE 'VALLEN'.

MET MIJN RECHTERARM DICHT BIJ MIJN ZIJ BEN IK ALS EEN BOKSER DIE KLAAR STAAT OM EEN 'UPPERCUT' UIT TE DELEN.

IK DRAAI MIJN HEUPEN ZO SNEL TERUG (HET ONTSPANNEN VAN DE VEER...) ALS MENSELIJKERWIJS MOGELIJK IS.

MIJN HOOFD IS NOG STEEDS NAAR BENEDEN GERICHT, EEN TEKEN DAT ALLES IN CADANS EN IN DE JUISTE VOLGORDE IS GESCHIED.

ZO KOMT HET NOU DAT IK MIJN SHIRT WEL EEN PAAR KEER TIJDENS DE RONDE IN MIJN BROEK MOET STOPPEN.

NOG EVEN BIJ DE LES BLIJVEN

Laten we de belangrijkste punten uit dit hoofdstuk nog eens herhalen:

■ Mijn stand moet breed genoeg zijn om mijn evenwicht te kunnen bewaren, maar ook weer smal genoeg om een volle draai mogelijk te maken.

■ Ik til bij het adresseren mijn hoofd op, waardoor mijn linkerschouder onder mijn kin door kan draaien.

■ Tijdens de backswing zie ik er op toe dat mijn heupen draaien in plaats van te 'swayen' of weg te 'glijden'.

■ Ik maak een zo lang (wijd) mogelijke backswing, door mijn handen zo ver mogelijk van mijn rechterheup te strekken en een zo groot mogelijke draai met mijn schouders te maken.

■ Voor een goede timing hou ik armen en handen de hele swing voor mijn borst.

■ Om kracht en snelheid te behouden zonder aan accuratesse in te boeten, strek ik mijn rechterhand na impact recht langs de doellijn.

CADDIE STEVE WILLIAMS

SPEEL DE BAL ZOALS HIJ LIGT

❖ ❖ ❖

U bent in de baan en dan, zo maar opeens,
begint al dat harde werk eindelijk
zijn vruchten af te werpen.

8
PROBLEMEN ZIJN ER OM OP TE LOSSEN

ALS HET ECHT MOEILIJK WORDT

Omdat de condities om goed te kunnen scoren die dag op Augusta National niet bepaald ideaal waren, stonden niet veel spelers er al echt goed voor. Ik had een verschrikkelijke eerste negen achter de rug en stond acht slagen achter. Ik hookte, sloeg te kort, alles ging fout. John Huston was met een ronde van 67 de leider in het clubhuis en ik sprak mezelf moed in: "We gaan gewoon terug naar level par en met deze swing, dezelfde die je al de hele week in de oefensessies hebt gemaakt, beginnen we." Ik pakte mijn ijzer-2, sloeg een mooie, bewuste draw om vanaf dat punt te trachten dezelfde swing en hetzelfde ritme aan te houden. Op de een of andere manier werkte het, want ik kwam in 30 slagen thuis en was weer helemaal terug. (Woods won en zijn eerste Major was een feit, EvGdN)

De golfswing kan als een kameleon zijn en van hole tot hole veranderen, voor hoge handicappers misschien zelfs van slag tot slag. Het ultieme doel is het vinden van een repeating swing, eentje die ook onder druk stand zal houden. De waarheid is natuurlijk dat we allemaal swingfouten hebben en die maken de zoektocht naar die repeating swing er niet gemakkelijker op. Ook ik heb zo mijn fouten, inclusief die ene grote, die van tijd tot tijd nog steeds de kop opsteekt. Door een te sterke grip hou ik het clubblad op de top van de backswing gesloten, waardoor ik het clubhoofd met mijn handen moet manipuleren om toch nog haaks op de bal te komen bij impact. Ik heb ook tegen de neiging moeten vechten om 'opgesloten' te worden tijdens de downswing, omdat armen en dus club te ver achter mijn bovenlichaam 'aanslepen'. Om dat tegen te gaan probeer ik de club tijdens de downswing voor me uit te houden. Als dat niet lukt, zal ik weer op mijn handen moeten vertrouwen om het blad alsnog haaks op de bal te kunnen krijgen. Gelukkig heb ik altijd al snelle handen gehad.

Verder mankeerde er het een en ander aan mijn ijzerspel omdat ik te snel swingde.

Dankzij veel noeste trainingsuren is mijn clubpositie op de top van de backswing veel beter nu, kom ik dus ook nauwelijks meer 'vast te zitten' (als ik tijdens de downswing te veel van binnen naar buiten swing) en heb ik vooral geleerd om mijn swingsnelheid in bedwang te houden bij die slagen die er als geen ander toe doen. Maar er waren momenten dat swingfouten me duur kwamen te staan.

In de openingsronde van het U.S. Open van 1996 op de Oakland Hills Country Club in Bloomfield, Michigan, ik stond drie onder par en alles liep lekker, ging ik van het ene moment op het andere door een swingfout behoorlijk de mist in. Mijn drive sloeg ik nog keurig in het midden van de 16de fairway, een middellange par-4. De pin stond iets rechts van het midden en er stond een zwakke zijwind, van links naar rechts. Ik kwam toch weer 'vast' te zitten met mijn ijzer-6, mijn handen waren ditmaal niet in staat de fout te corrigeren, het clubblad stond open en de bal vloog rechts naast de green de vijver in. Met een strafslag aan de broek sloeg ik m'n vierde schot met de sand wedge van de dropping zone recht naar de vlag, maar de bal had iets te veel zijspin en ging weer het water in.

Uiteindelijk vond ik de green met mijn zevende slag en twee putts later had ik een 9 op

Golf heeft me, vanuit meer dan één standpunt gezien, al vele malen op de knieën gekregen.

Voor een schot dat sterk van links naar rechts zal moeten buigen, beschrijf ik een scherpe van buiten naar binnenbaan, terwijl ik het clubblad open heb staan bij impact.

de kaart. De volgende dag kwam ik met een 69 weliswaar goed genoeg terug om de cut (de kwalificatie voor de twee slotrondes, EvGdN) te halen, maar de schade was al aangericht.

En wat te denken van het Britse Open van 1997? Ik probeerde de bal naar de 8ste green van Royal Troon, de beroemde 'postage stamp'-hole (de hole zelf, een par-3, is niet alleen heel kort, de green is zeer klein vandaar de naam 'postzegel', EvGdN), zo ingetogen mogelijk en met open blad te slaan om 'm goed te laten bijten.

Ik sloeg 'm echter te veel naar rechts; in tegenstelling tot wat ik dacht deed de wind niets, de bal dook een bunker in en begroef zich (de zogenaamde plugged ball, EvGdN) in het zand. Het kostte me twee slagen om uit dat strandzand weg te komen en ik maakte een drieputt voor een triple bogey-6. Als ik al een kans op de titel gehad zou hebben, was hij daar in zand en rook opgegaan.

Mijn meest frustrerende moment echter was op Jack Nicklaus' toernooi, het Memorial Tournament, in 1997. Het onweerde en de regen viel met bakken uit de hemel, waardoor het evenement vijf dagen in beslag nam in plaats van vier. Tijdens een van die dagen sloeg ik mijn

Sommige van mijn meest frustrerende ogenblikken kwamen door een begraven bal, zoals deze op de 8ste van Royal Troon.

approach shot op de derde hole - een korte par-4 met een vijver voor de green - van nauwelijks 100 meter in het water. Met een strafslag sloeg ik vanaf dezelfde plek opnieuw en toen ik de green opkwam zag ik dat die drijfnat was. Inmiddels had de misthoorn al geklonken, het teken dat het spel stop was gelegd, maar ik was vastbesloten om de hole uit te spelen.

Mijn eerste putt sloeg ik ongeveer halverwege de hole en vandaar had ik nog eens twee pogingen nodig. Naast twee van de slechtste ballen die ik in lange tijd geslagen had, maakte ik het probleem alleen nog maar erger door mijn concentratie te verliezen. Volledig nog wel. Swingfouten leiden dus geenszins alleen tot allerlei soorten van ellende, frustratie kan een score

Verbeten kijk ik toe hoe de bal tot aan mijn voeten terugrolt, voor ik 'm er met een tweede poging wel uitkrijg.

even goed finaal om zeep helpen.

Zelfs als je je swingfouten weet te herstellen, iets waar ik tenslotte tegen het seizoen 1999 toe in staat bleek, zul je nooit keer op keer een perfecte swing af kunnen leveren. Een belangrijke reden voor mijn eigen succes ligt besloten in het feit dat mijn misslagen niet meer zo slecht zijn als ze ooit waren. Echt desastreuze holes komen dan ook minder en minder voor, hoewel pech, zelfs als je goed speelt, je ook behoorlijk uit je spel kan halen. Als je echter weet hoe je je door het spelen van bepaalde 'trouble shots' uit bepaalde situaties kunt redden, zal dat er zeker toe bijdragen om een slechte situatie niet nog erger te maken.

WANNEER WEL EN WANNEER NIET DE HELD SPELEN

Als ik een afzwaaier heb, heb ik niet alleen geleerd om dat te accepteren, ik heb ook geleerd om de bal weer zonder al te veel poespas in het spel te brengen. Er kunnen zich echter situaties voordoen - als ik bijvoorbeeld 2 down sta met nog twee te gaan en dus een birdie nodig heb - dat ik het heroïsche schot probeer te spelen. Iets wat het spelletje nog leuker kan maken dan het al is. Wat kan ik trouwens genieten als het me lukt, hoewel ik wel eerst kijk of het ook echt mogelijk is. Tijdens het Phoenix Open van 1999 kreeg ik wat hulp van mijn vrienden en hoefde ik niet voor held te spelen.

GEBRUIK DE GROTE SPIEREN VOOR DE LAGE HOOK

Omdat ik vroeger niet altijd even recht was, heeft het me voor dit type schot nooit aan oefening ontbroken. Om te beginnen moet u uw stand iets breder maken, terwijl de bal wat dichter bij de rechtervoet moet liggen dan bij de linker. Setup met voeten, heupen en schouders dient natuurlijk haaks te zijn, maar wel réchts van het doel. Breng de club laag en wijd langs de lijn van de voeten terug. Reguleer de hoeveelheid rechts-links-'krul' door het clubblad al dan niet meer gesloten te houden bij het adresseren, en níét door de club tijdens de swing met de handen te manipuleren. Mijn vuistregel: ik richt mij met voeten, heupen en schouders op een punt waar ik de bal de lucht in wil hebben, terwijl ik het clubblad naar die plek uitlijn waar ik de bal wil laten vallen.

Ik controleer de bal derhalve met mijn grote spieren. Een veel voorkomende fout onder amateurs is dat ze te ver naar rechts oplijnen, waardoor de club niet alleen te steil omhoog gaat, maar in de downswing ook weer te verticaal naar beneden komt. Het resultaat is vaak een 'vet' schot. (Het gras achter de bal wordt eerst geraakt, in plaats van eerst bal en dan gras, EvGdN) Probeer daarom met een 'vegende' beweging en van binnen naar buiten door de bal heen te slaan.

IK SPEEL DE BAL MET EEN GESLOTEN CLUBBLAD MEER VAN MIJN RECHTERVOET.

LAAT DE TEEN VAN HET BLAD NIET NAAR LINKS DRAAIEN BIJ DE CUT OF SLICE

Voor ik sla wil ik eerst een plaatje in mijn hoofd hebben van de hele balvlucht. Omdat de bal bij de cut of slice altijd minder ver zal gaan dan bij een draw of hook, neem ik één of twee clubs meer dan ik bij een normaal schot zou doen. Ik speel dit schot met een meer open stand, terwijl het clubblad ook open staat bij het adresseren. De swingbaan van backswing naar impact is van buiten naar binnen. Probeer de club door de bal heen niet te ver door te laten zwaaien en laat het blad in geen geval naar links (gesloten) draaien.

Als u de bal echt wilt laten
krullen dient u alles
te overdrijven.

EEN ZANDERIGE DIVOT LEIDT MIJ NIET AF

We kennen ze allemaal wel, die ballen die op de meest vreemdsoortige plekken terecht komen. Die van mij heb ik - om maar een paar voorbeelden te noemen - midden in gele steekbrembosschages, pal

voor vuistgrote stenen en direct achter gigantische keien zien neerkomen.

De meeste ballen vond ik daar omdat ik m'n afslag niet recht had weten te houden: eigen schuld dus. Waar ik echt goed de pest over in kan hebben, is als ik de bal na een perfect geslagen drive midden op de fairway in zo'n zanderige divot aantref. Maar als dat gebeurt zul je er toch het beste van moeten maken, en geloof in eigen kunnen kan op zo'n moment nooit kwaad.

Sla de bal zo zuiver mogelijk (zonder zand dus) en iets meer van de rechtervoet

Zo'n zanderige divot is net een piepkleine fairway bunker en zo, als een fairway bunker shot, dient u de bal dan ook te spelen. Zorg er dus voor dat u de bal iets meer van de rechtervoet slaat, hetgeen u zal helpen om eerst de bal te raken (zeer belangrijk bij dit schot) en dan pas het zand. Ga iets meer rechtop staan, want ook dat zal u - evenals een wat steilere backswing - helpen om de bal zo zuiver mogelijk te kunnen raken. Neem ten slotte een club meer dan u normaal zou doen voor deze lengte, waardoor u rustiger kunt swingen en beter in balans zult blijven. Middelmatige spelers proberen vaak op een dergelijke bal in te slaan of hem te lepelen, met vaak een misslag als resultaat. Doe dat dus niet, maar probeer in plaats daarvan de divot juist te vergroten/verlengen als u door de bal heenkomt. Op die manier bent u zeker van een solide contact.

Ik concentreer me, net als bij slagen uit een fairway bunker, op het stil houden van mijn onderlichaam, waardoor ik de slag vooral met mijn armen uit zal voeren.

IK HOU MIJN ONDERLICHAAM STIL EN VERGROOT/VERLENG DE DIVOT.

KAN HET NOG MODDERIGER?

Ik speel nu lang genoeg golf om de eerlijkheid van het spel nooit in twijfel te trekken. Hoewel ik soms - als ik de bal bijvoorbeeld onder de modder aantref - wel degelijk in de verleiding wordt gebracht om het te doen. Toch, als je eenmaal weet hoe een bal reageert die onder de modder zit, maakt dat het spelen ervan een stuk eenvoudiger. De vuistregel is dat als de modder links op de bal zit, de bal zelf de neiging heeft om naar rechts te gaan en vice versa. Afgezien daarvan weet je nooit hoe ver hij zal komen en des te harder je swingt, des te meer spin de bal meekrijgt waardoor hij natuurlijk ook van zijn lijn af zal wijken.

Ik pas mijn setup en swingsnelheid aan

Omdat de modder hier rechts op de bal zit zal de bal zelf naar links willen, waardoor de setup aangepast moet worden om dat op te kunnen vangen. Het laatste wat ik immers wil is het accentueren van die richting. Ook moet ik, teneinde de balvlucht beter te kunnen controleren, één club meer nemen en rustiger swingen. Ten slotte dien ik er voor te zorgen dat ik met de downswing voldoende door de bal heen kom zonder een volledige follow through te maken. Dat bewijst, zelfs als ik rustiger geslagen heb, dat ik de bal niet halfslachtig heb geraakt.

BAL IN DE VIJVER IS NIET FATAAL

Mijn avonturen met waterhindernissen beperken zich meestal tot het droppen van de bal met de daarbijbehorende strafslag. Af en toe echter word ik wel eens geconfronteerd met een bal die nog net niet helemaal onder water ligt. En... als de juiste techniek maar wordt toegepast, is het niet eens zo'n vreselijk moeilijk schot. Ik begin altijd met schoenen en sokken uit en regenpak aan. Het schot zelf voer ik uit alsof ik in een greenside bunker sta. Ik open mijn stand, zorg er voor dat de bal iets links van het midden ligt en hou het clubblad open. Daarna concentreer ik me op een plek zo'n 2 à 3 centimeter achter de bal. Tijdens de backswing knik ik mijn polsen zo ver het maar gaat en neem de club, precies als bij een bunker shot, steil mee omhoog. Wel swing ik aanmerkelijk harder, zo'n 50%, omdat water nu eenmaal dichter is dan zand. Mijn laatste gedachte is 'door de bal heen' met die club, want stoppen na impact is absoluut uit den boze. Ik ben altijd wat nerveus voor ongevraagde gasten in het water en vraag daarom mijn caddie om de plek eerst te testen.

IK BLIJF OOK IN DE HITTE KOEL

Soms zijn de condities waaronder we moeten spelen niet echt aantrekkelijk. Als een geboren en getogen Zuid-Californiër ben ik een echte warm weer-speler. Ik vind het heerlijk als de greens snel zijn en het kwik stijgt. Maar het kan zo heet worden dat het je spel zowel lichamelijk als geestelijk kan beïnvloeden.

Toch vind ik het leuk om naar mijn moeders geboorteland te gaan, maar het is alsof de duvel ermee speelt: iedere keer als ik er kom zitten ze midden in een hittegolf. Tijdens mijn trip naar de Johnnie Walker Classic van 2000 was het zo'n kleine 40 graden en de vochtigheidsgraad deed er niet voor onder. Dankzij de conditietrainingen die ik doe kan ik de hitte wel aan, maar ik neem ook wel degelijk voorzorgsmaatregelen voor als het te heet wordt of te koud en regenachtig.

■ Als het heet is draag ik zoveel mogelijk lichte kleuren, behalve op de laatste dag als ik traditiegetrouw altijd een rode polo aan heb.
■ Ik voorkom uitdroging door veel water te drinken.
■ Ik eet graag fruit (appels en bananen) en/of mueslirepen om mijn kaliumgehalte op peil te houden. Ik hou ook van dergelijke repen omdat ze op de een of andere manier goed zijn voor de spijsvertering.
■ Eén kant van de handdoek maak ik nat om mijn voorhoofd af te kunnen koelen, terwijl ik de droge kant gebruik om mijn handen en grips vochtvrij te houden.
■ Om mijn hoofd tegen het zonlicht te beschermen draag ik een pet.
■ Ook heb ik tenminste een half dozijn handschoentjes bij me zodat ik veel kan wisselen.
■ Om energie te besparen loop ik tussen de slagen door langzamer dan normaal.
■ Ik concentreer me op die dingen die ik kan controleren, het volgende schot bijvoorbeeld. Nooit op zaken waar ik geen invloed op uit kan oefenen: de hitte dus om maar iets te noemen.

IK PROBEER MIJN SPIEREN ONDER ALLE OMSTANDIGHEDEN WARM TE HOUDEN

Golf verschilt van veel andere sporten omdat het soms onder de meest barre omstandigheden gespeeld wordt. Als het buiten koud is, wil ik van binnen warm blijven en dat doe ik op deze manier:

■ Door het dragen van zijden ondergoed verlies ik zo min mogelijk lichaamswarmte.
■ Ik draag liever een paar lagen lichtere kleding dan één warm en zwaar jack.
■ Omdat de meeste lichaamswarmte via mijn hoofd verdwijnt, draag ik een wollen skimuts.
■ Ik ben niet zo gek op die grote wollen handschoenen, ik vind ze niet erg mannelijk, wel heb ik zo'n staaf in mijn zak zitten die urenlang blijft gloeien en die je handen lekker warm houden.
■ Ik doe van tevoren ook wat meer stretchoefeningen om mijn spieren zo soepel mogelijk te krijgen.
■ Tussen de slagen door loop ik nu juist wat sneller om meer lichaamswarmte te produceren.
■ En, nogmaals, ik concentreer me op die dingen die ik kan controleren en het weer hoort daar zeker niet bij.

HOE IK DAT VERZOPEN KAT-GEVOEL VOORKOM

Een Schots spreekwoord luidt dat het nooit regent op een golfbaan. Maar zo'n fanatieke Schotse golfer heeft dan vast nooit toernooigolf gespeeld. Zelfs tijdens zo maar een rondje kan de regen mijn plezier grondig bederven als ik me niet goed heb voorbereid. Dit zijn mijn waterbestendige tips:

- Ik gebruik een stevige, windvaste paraplu.
- Ik zorg voor extra handschoenen en wissel regelmatig.
- Ook heb ik een extra handdoek in de tas.
- Verder heb ik geleerd dat een goed regenpak van het allergrootste belang is.
- Een extra paar sokken heb ik ook bij me.
- Een pet houdt m'n hoofd droog.
- Als ik voorover moet buigen bij het chippen of putten, draai ik de klep van de pet weg zodat er geen water naar beneden druipt.
- Ik probeer mijn normale spel te spelen en zal dus nooit, al is het weer nog zo bar en boos, te snel of te haastig slaan.
- En daar is-ie weer: ik concentreer me uitsluitend op het spel en nooit op de elementen.

LAAG IN DE WIND

Vanaf het allereerste begin wilde ik graag een internationale speler worden, waardoor ik ook van linksbanen ben gaan houden. Dat betekende natuurlijk wel dat ik een behoorlijke windspeler zou moeten worden. Butch Harmon heeft me tijdens het U.S. Amateur Kampioenschap van 1995 op de Newport Country Club in Rhode Island, een schot geleerd dat ik sinds die tijd veel gebruik om de wind de baas te kunnen blijven. De zogenaamde 'knockdown' is een van de schoten die je spel ook onder stormachtige omstandigheden een solide basis en houvast geven.

Neem een club meer en swing rustig en ontspannen

De knockdown stelt u in staat om de balvlucht te controleren. Des te minder de bal door de lucht vliegt des te minder de wind hem zal kunnen beïnvloeden. De sleutel om in een stormachtige wind afstand en vlucht toch te kunnen controleren, is een club meer te nemen en rustiger te swingen waardoor de backspin zal verminderen. De gemiddelde amateur probeert de bal tegen de wind in altijd te hard te slaan. Daardoor krijgt de bal niet alleen meer backspin, hij zal ook sneller en hoger de lucht ingaan.

Ga 'er op zitten'

Neem een stand in, met de bal iets meer voor de rechterhiel, die wat breder is dan normaal en buig uw knieën zodanig dat u als het ware een (zij het hoge) zithouding aanneemt. Neem de club vervolgens in een wijde en lage boog niet meer dan driekwart terug.

Denk 'laag en breed'

U moet zowel bij de backswing als de downswing een wijde en lage boog beschrijven. Een veel voorkomende amateuristische fout is om met een steile downswing een diepe divot te slaan, waardoor de bal door de verhoogde backspin hoog de lucht inschiet. Hou uw handen direct na impact laag en maak een verkorte, zij het goed uitgebalanceerde follow through. Het resultaat zou een laag schot moeten zijn dat nauwelijks door de wind beïnvloed wordt.

Ik hou mijn handen laag en mijn finish of follow through kort. Nog meer specifieke details voor het lage schot vindt u in 'Hoe ik de wind gesel' op de volgende pagina's.

HOE IK DE WIND GESEL

Als de wind huilt moet de golfbal zo kort en zo laag mogelijk in de lucht blijven. Dat betekent, zoals gezegd, de knockdown: het lage schot dat de wind te slim af is en uw score zelfs onder stormachtige omstandigheden intact kan houden.

Programmeer de balvlucht

Ik maak drie pre-swing aanpassingen. Om te beginnen neem ik mijn stand zo in dat de bal iets rechts van het midden ligt, dus wat dichter bij de rechterhiel. Vervolgens neem ik een club meer dan ik nodig heb, waardoor de loft niet alleen vermindert, maar ik ook rustiger kan swingen. Ten slotte zorg ik voor een nog betere stabiliteit door mijn stand breder te maken, terwijl ik mijn knieën ook meer buig dan normaal. Nu ben ik klaar om de bal zo door de wind te sturen als ik het wil.

Maak een verkorte swing en hou de handen laag

Bij de knockdown gaat het uitsluitend om controle en stabiliteit. Daarom maak ik maar een driekwart backswing in het vertrouwen dat de gekozen club de afstand overbrugt die ik nodig heb.

Ik beschrijf zowel bij de backswing als de downswing een brede boog, kom daardoor onder een lage hoek door de bal heen en neem slechts een dunne divot mee. Ook hou ik mijn handen direct na impact laag en maak de follow through niet af. Volg deze regels en u zult versteld staan hoe weinig effect de wind op uw bal zal hebben.

IK SPEEL DE BAL MEER VAN MIJN RECHTERVOET EN EINDIG LAAG TENEINDE DE BAL OOK LAAG TE KUNNEN HOUDEN.

IK GA BIJ DE BACKSWING NIET VERDER TERUG DAN HIER.

IK PROBEER MIJN HANDEN ONDER MIJN RIEM TE HOUDEN.

EEN GESTREKTE ARM EN EEN
RECHT CLUBBLAD ZORGEN
VOOR EEN RECHTE BALVLUCHT.

TWEE DESASTREUZE BALVLUCHTEN

Als u te veel in de problemen komt zal dat vrijwel altijd komen omdat u uw swing niet onder controle hebt. De meeste van mijn hoge handicap-partners bij de Pro-Ams hebben of te lijden onder de naar rechts gepushte slice, of de naar links gepullede hook.

Als u de bal sliced staat het clubblad open op het moment van impact. De daders zijn vaak de polsen of de onderarmen. Beide onderarmen draaien te snel tijdens de backswing, waardoor de linkerpols op de top met de arm een holte vormt. Het resultaat is een meer verticale dan horizontale stand van het open clubblad, dat daardoor op het laagste (impact) punt ook vaak open zal staan met een slice als resultaat. Combineer dat met een swingbaan die te veel van buiten naar binnen gaat en de balvlucht is - sterk van links naar rechts - bekend. U moet dan ook aan een vlakkere pols en een recht clubblad op de top van de backswing werken. U kunt dat bewerkstelligen door de handen tijdens de backswing stiller te houden en de onderarmen niet te veel te laten draaien. Kijk eens in een spiegel naar de onderarm/pols-positie op de top van de backswing.

Als u de bal hooked is het clubblad gesloten op het moment van impact. De meeste hookers draaien niet goed genoeg tijdens de downswing. Ze beginnen al met het begraven van de kin in de borst als ze nog maar net aan de backswing zijn begonnen en kunnen daardoor nooit voldoende van de bal wegdraaien. Wat niet opgewonden (gedraaid) is kan ook niet ontspannen (teruggedraaid) worden, waardoor het doel (bal) nooit na een volle draai wordt bereikt. Het kleine beetje gewicht dat naar de rechterkant is overgebracht blijft daar. Dan probeert men tijdens de downswing te compenseren door te veel met de polsen te werken, de club gaat veel te veel van binnen naar buiten, het blad staat dicht bij impact en de bal vliegt sterk van rechts naar links. Om dit probleem op te kunnen lossen moet u er voor zorgen dat de handen/armen/ borst-driehoek die u bij het adresseren zo mooi gecreëerd heeft gedurende de hele swing intact blijft. Als dat gebeurt zult u uw gewicht op natuurlijke wijze onder de backswing naar uw rechterkant transporteren, en tijdens de downswing weer terug naar links.

DE HOLTE TUSSEN POLS EN ONDERARM VEROORZAAKT DE SLICE.

DE GEBOGEN POSITIE VAN DE POLSEN VEROORZAAKT DE HOOK.

HOE TELT NIET, HOEVEEL WEL

Op de laatste play-off hole van het PGA Championship van 2000 op de Valhalla Country Club in Louisville, sloeg ik zo'n enorme hook van de tee dat de bal bijna tussen de auto's op het parkeerterrein terechtkwam. Gelukkigerwijs sprong hij van een boom af, kwam op een buggypad terecht en rolde daar vervolgens zo mooi vanaf dat ik dankzij dat kaatsgeluk bij een golfongeluk voor een kleine ramp werd behoed. Ik wist de bal vandaar namelijk terug in het spel te brengen, deponeerde hem met mijn derde slag (het was een par-5 hole) in een greenside bunker, dirigeerde hem uit het zand tot op een kleine meter van de hole en de par was gered. Een heel lelijke, maar wel eentje die mijn vijfde Major-zege veilig stelde!

Een van de sleutels tot mijn succes: Ik ontwikkel niet alleen een spelplan, ik probeer me er ook aan te houden.

9

HOE HOU JE DE ZAAK IN DE HAND

SPELBEHEERSING

"Jongen," was mijn vaders favoriete gezegde, "wat je erin steekt krijg je er ook weer uit." Als ik gefrustreerd raakte, hielpen die woorden me om het nogmaals te proberen. En dankzij diezelfde woorden begreep ik al vroeg dat, hoe getalenteerd je ook bent, je je toch in het zweet moet werken om te bereiken wat je wilt. Mijn vader leerde me ook dat ík het spel moet beheersen en niet andersom. En hij vertelt me nog vaak het verhaal van mijn eerste les in course management. Mijn vader en ik speelden op de marinebaan bij ons huis in Cypress, Californië, toen ik mijn drive op de tweede achter een groep bomen sloeg. Mijn vader vroeg me wat ik ging doen en ik moet hem aangekeken hebben alsof ik vragen wilde wat bedoel je eigenlijk? "Jongen," zei hij dan ook, "ik ga je spel hier en nu op twee punten helpen. Het ene is mentale hardheidstraining en het andere course management. Nou, zeg het maar, wat ga je doen, Tiger?"

"Ik kan de bal onder de bomen doorslaan," antwoordde ik, "maar er ligt wel een grote bunker direct voor de green." Mijn vader knikte slechts en ik ging door: "De bal over de bomen slaan kan ik niet want ze zijn te hoog." Hij knikte weer en ik ging verder. "Wat ik óók kan doen is de bal terug naar de fairway slaan, vandaar naar de green en dan m'n putt holen voor par", waarop mijn vader weer zei: "Dát, jongen, noemen we nou course management."

Zoals iedere driejarige zou doen vroeg ik waarom. Hij vertelde me toen dat ieder golfschot achter de bal begint. Dat je het schot eerst moet visualiseren, je de potentiële problemen moet onderkennen vóór je daadwerkelijk gaat slaan. Ik heb het me destijds niet zo gerealiseerd, maar mijn belangrijkste les in course management begon met de wijze waarop mijn vader bleef aandringen op een pre-shot routine.

Ik ben ervan overtuigd dat het me geholpen heeft om m'n eerste Southern California Junior Golf Association-toernooi te winnen.

Ik moet er nogal soldatesk uit hebben gezien als ik mijn routines afwerkte, maar dat maakte me niet uit. Het was alles wat ik wist en ik voelde me er prettig bij. Er waren niet veel andere kinderen die zo speelden, maar ik was voorlopig wel degene die met 120 slagen thuiskwam en won. Mijn vader en moeder waren zo trots als maar zijn kan en zelf was ik het denk ik ook. Vandaag de dag is mijn pre-shot routine nog exact hetzelfde als toen. Het maakt overigens helemaal niet uit wat je pre-shot routine is, als je maar telkens hetzelfde doet en het spel er niet mee ophoudt.

Grote spelers leven bij het moment. Daar bedoel ik mee dat ze nooit op de dingen vooruit zullen lopen en dat ze zich ook nooit door een bepaalde situatie laten overrompelen. Een reden waarom ik goed speel is het feit dat ik altijd dezelfde routinematige handelingen uitvoer. Zo heb ik het van mijn vader geleerd en hij heeft het weer in een boek van Nicklaus gelezen. Je zou Jack met een stopwatch in de hand kunnen volgen, zijn pre-shot routine duurt altijd even lang. Oké, ik geef het onmiddellijk toe, hij mag dan wat langzamer zijn dan de meeste andere spelers, maar het is wel zijn natuurlijke ritme. Zoals u ook zult zien dat mijn pre-shot routine niet alleen uniek is, maar ook nooit verandert. Het helpt me om rustig te blijven en ieder schot zo goed mogelijk uit te voeren.

De pre-shot routine voor iedere slag begint achter de bal. Zoals een telelens op een tv-camera richt ook ik mijn vizier op het doel, waardoor de rest van mijn gezichtsveld sterk beperkt wordt...

Dan pas neem ik mijn stand in, schuifel een paar keer op en neer tot ik comfortabel sta...

Voorbereiding is een flink onderdeel van course management. Het is zoiets als nog wat rijtjes uit je kop leren voor een examen waarin je goed voor de dag wilt komen. Dát doe ik aan de vooravond van een toernooi natuurlijk niet. Integendeel, ik wil een 'schoon' hoofd, zonder zorgen en dagelijkse beslommeringen en daar werk ik aan. Ook denk ik geen moment meer aan het laatste toernooi, wat ging er goed en wat juist fout. Ik wil ieder toernooi geestelijk zo fris mogelijk beginnen, en door mijn geest te bevrijden van alles wat daarvoor is gebeurd lukt me dat ook.

Toen ik nog amateur was, bedachten mijn vader en ik een speelplan voor bepaalde holes. Zo heb ik bijvoorbeeld uren voor de tv gezeten om naar video's van Augusta National te kijken, voor ik er in 1995 voor het eerst in The Masters zou spelen. Daarna ben ik aan mijn plan de campagne gaan werken. Aan de andere kant moet je natuurlijk ook weer niet te star worden in je voorbereiding. Die videotoestand bijvoorbeeld is nu voorgoed verleden tijd omdat ik zelf voelde dat ik niet flexibel genoeg meer was. Ik zie ieder nieuw toernooi nu als een onbeschreven blad en laat de situatie van minuut tot minuut bepalen wat ik wel of niet moet doen. Ik ben vanzelfsprekend ook voorzien van een veel betere swing, waardoor ik moeilijke situaties makkelijker aankan. Dat weerhoudt

Kijk nog één keer naar het doel...

En 'haal de trekker over'.

me er ook van om van te voren al te bedenken met wat voor club ik op een bepaalde hole zal afslaan. Situaties veranderen nu eenmaal, daarin zul je juist flexibel moeten zijn.

Als ik me voorbereid op een bekende baan als, bijvoorbeeld, Augusta National en ik ben de week daaraan voorafgaand vrij, dan ga ik thuis oefenen. Ik werk dan specifiek aan die slagen waarvan ik weet dat ik ze ook tijdens het toernooi nodig heb. Zo wist ik bijvoorbeeld dat ik een lange, 'vegende' draw moest kunnen slaan op de par-5 dertiende omdat de rechter rough met jonge dennen is beplant. Aan zo'n schot zal ik dus extra werken om er zeker van te zijn dat ik het ook onder druk tevoorschijn kan toveren. In 2000 was de greenside rough op Muirfield op sommige plekken wel 10 centimeter hoog, terwijl de greens hard en snel waren, precies zoals ik ze later in het jaar ook op Pebble Beach verwachtte. Dus oefende ik hard op dat specifieke schot en het kwam me niet alleen van pas tijdens de Memorial (Jack Nicklaus' eigen toernooi dat ook op zijn eigen baan, Muirfield Village, in Dublin, Ohio, wordt gespeeld, EvGdN) die ik won, maar het was ook een flink onderdeel van mijn slagenarsenaal gedurende de week van mijn U.S. Open-victorie.

Oefenrondes zijn cruciaal als ik een baan voor de eerste keer speel. Dan moet zowel mijn caddie als ik het gevoel voor de baan zien te krijgen. We hebben een waslijst van zaken waar we op letten.

Nog een factor waar je aan moet denken als je je op een bepaald toernooi voorbereidt is het type baan. Is het een linksbaan of een parkbaan, lang en open of kort en smal. Zelf ben ik de linksbanen die op het Britse Open-rooster staan gaan prefereren boven elk ander type baan. Dat soort banen namelijk vormt de ultieme uitdaging voor zowel creativiteit als inventiviteit. Op de Amerikaanse Tour spelen we meestal op parkbanen. Hierdoor krijgen we week in week uit

Neem de gewoonte aan om jezelf voor te bereiden op komende rondes of wedstrijden. Een gedeelte van mijn voorbereiding op de uitdagingen van Augusta National bestond uit het kijken naar video's van oude Masters-toernooien. De wetenschap hoe de baan onder bepaalde condities speelt, was een factor van betekenis in mijn plan de campagne.

TIGER

Ik neem eerst alle beschikbare informatie in me op alvorens een club te kiezen en te slaan.

met hetzelfde soort 'target'-golf te maken dat de meeste toernooien tot puttwedstrijdjes degradeert. Beide baantypes mogen dan dezelfde eisen stellen aan je swing, ze vragen wel degelijk om verschillende soorten slagen. Op een parkbaan - waar de longhitter met een lange en hoge balvlucht in zijn element is - kun je met een slecht schot nog wel eens weg komen. Sla diezelfde drive op een echte links en je vindt je bal of in het hoge helm of in die prachtige... steekbrem terug. Ook kun je op een links meer soorten slagen slaan, variërend van de lage 'knockdown' tot het hoge, zachte schot en van de bump-and-run tot de lange putt van (ver) buiten de green.

Toch ben ik niet echt blij als de baan zo geprepareerd wordt dat longhitters als ik gedwongen worden om met een ijzer af te slaan. Tenzij men het speciaal voor een toernooi op die manier heeft geprepareerd, heb ik dan ook absoluut geen probleem met, natuurlijke, rough van zo'n 15 centimeter hoog. Aanpassingsvermogen is overigens een wezenlijk onderdeel van course management, soms heb je maar gewoon te accepteren wat de baan, of de greenkeeper, voor je in petto heeft.

COURSE MANAGEMENT: WAT DOE JE WEL EN WAT NIET

■ **WEL DOEN**. Vóór en niet tijdens de ronde een plan de campagne maken.

■ **WEL DOEN**. Het verzamelen van de juiste afstanden naar de voorkant van de green én de vlag.

■ **WEL DOEN**. Weten wanneer je risico moet nemen en wanneer juist niet.

■ **WEL DOEN**. Het accepteren van het feit dat een 'goede' bogey wel degelijk bestaat.

■ **WEL DOEN**. Even nadenken welke kant van de fairway het beste is voor je tweede schot.

■ **WEL DOEN**. Je eigen spel spelen.

■ **NIET DOEN.** Je op een hole zo opwinden dat je in de dubbele cijfers terecht komt.

■ **NIET DOEN.** Geef bij het eerste 't beste probleem niet direct op en hou vol.

■ **NIET DOEN.** Altijd voor de vlag gaan. Kies als het moet maar rustig voor het midden.

■ **NIET DOEN.** Tijdens een wedstrijd een schot uitproberen waar je nog niet (voldoende) op geoefend hebt.

■ **NIET DOEN.** Een schot zo oplijnen dat je in de problemen komt als je het mooi recht slaat.

■ **NIET DOEN.** Vergeten dat het maar een spelletje is. Geniet!

Doordat ik altijd probeer om op onverwachte zaken voorbereid te zijn, kan ik erop vertrouwen dat ik me dankzij mijn creativiteit en voorstellingsvermogen in de regel goed uit moeilijke situaties weet te redden. Een van de redenen waarom ik zoveel van linksbanen hou, is dat je ieder vezeltje creativiteit dat je maar bezit, soms zelfs op één hole, nodig zult hebben. 180 meter-slagen met een ijzer-9 of 30 meter-putts, om maar iets te noemen, zijn bepaald niet ongewoon. Het is dus van het grootste belang om op ieder type ondergrond - en dat geldt zeker ook voor eiland greens - in staat te zijn om afstand en lijn goed in te kunnen schatten en controleren.

Lijn je drive - in de hoop dat de fade of draw die je de bal van nature meegeeft je wel te hulp zal schieten - nooit naar een gebied op waar problemen op de loer liggen. Ten slotte zal niemand graag voor een recht schot gestraft willen worden...

WEET WANNEER JE RISICO NEEMT EN WANNEER NIET

De meest gangbare fout die amateurs maken is de driver te pakken op een hole die gemaakt is voor de lay-up, het veilig 'opleggen' van de bal. Soms zullen de condities (als de wind mee is bijvoorbeeld) of de omstandigheden (als het een matchplay-partij is en de hole gewonnen móét worden) verlangen dat de driver uit de tas komt en u ervoor gaat. Zorg er in dat geval altijd wel voor dat het het risico waard is. En weet ook dat het in de meeste gevallen het beste is om het zogenaamde 'percentage-shot' (het schot waarbij de risico's zo veel mogelijk binnen de perken blijven, EvGdN) te spelen. Dus als er een vijver op zo'n 200 meter van de tee ligt, neem dan een club waarmee u die waterhindernis niet kunt halen. Zorg, met andere woorden, dat u de baan in de hand houdt en niet andersom.

Ik sta erom bekend de kansen nog wel eens naar mijn hand te willen zetten, zeker als ik weet dat ik niets meer te verliezen heb maar alles te winnen. Zo vocht ik in de laatste ronde van de AT&T Pebble Beach National Pro-Am van 1997 terug, tot ik met nog twee slagen achterstand op mijn vriend Mark O'Meara de tee van de 18de opstapte. Ondanks het feit dat ik een enorme drive sloeg, hield ik nog een kleine 246 meter over naar de green (de 18de is een par-5 van ruim 500 meter, EvGdN) en de wind hielp niet mee. Ik voelde dat ik alleen met een eagle nog een play-off af zou kunnen dwingen, pakte de driver dus nogmaals uit de tas en gaf hem alles wat ik had. Gelukkig genoeg wist ik de green te vinden, en ofschoon ik de eagle-putt miste en op één slag van Mark eindigde, had ik toch een goed gevoel. Want bij iedere andere situatie - zeg een gelijke stand of een kleine voorsprong mijnerzijds - zou ik het risico van zo'n gedurfd 'oceaan'-schot natuurlijk nooit zijn aangegaan.

Mijn spel onder controle hebben is weten wanneer ik de driver in de tas moet laten. Des te korter de (par-4) hole, des te meer bunkers en waterhindernissen u rondom de green aan zult kunnen treffen. Mijn standaard club voor die situaties is de ijzer-2, terwijl andere spelers misschien eerder voor een houten-4 of 5 zullen kiezen. De hogere loft immers zorgt voor meer backspin en minder zijwaartse spin, waardoor de controle groter wordt. En vergeet ook niet: hoe korter de club hoe korter de afstand dus hoe minder de (eventuele) afwijking.

Course management houdt ook in dat u weet wanneer u wel of geen risico kan of mag nemen. Zo zal ik vaak een lang ijzer of een houten-3 van de tee slaan als ik weet dat de driver het risico niet waard is.

VIND UW NATUURLIJKE RITME

Als ik echt op slag ben wordt course management een soort tweede natuur voor me. Ik lijk dan instinctief te weten welk schot ik voor een bepaalde situatie moet spelen. Als de meeste ellende zich achter de green bevindt, kunt u er zeker van zijn dat ik niet te ver zal slaan. Als zich op links problemen aandienen, zal ik de bal een dusdanige vlucht meegeven dat ik de moeilijkheden omzeil, maar het mooiste is nog dat ik er niet bij na hoef te denken. Dat noem ik nou het vinden van het natuurlijke ritme. Iedere golfer heeft zijn eigen ritme en de zoektocht begint al tijdens de warming-up op de range.

Die warming-up heb ik ook van Jack Nicklaus overgenomen. Ik gebruik altijd dezelfde vijf clubs en werk ze door van sand wedge tot driver. De laatste club waar ik mee sla is die waar ik ook de eerste drive van de dag mee zal slaan. Het is niet mijn doel om aan mijn swing te werken. Als ik het niet heb als ik op de baan arriveer, zal ik het in die warming-up van een half uur echt niet krijgen. Nogmaals, mijn doel is het vinden van het juiste ritme. Als ik dat ritme gevonden heb voor ik de eerste tee opstap weet ik dat er mooie dingen kunnen gebeuren. Als ik het daarentegen niet heb is er helaas geen knop die ik om kan draaien, en iedere swing is moeizaam en problematisch. De manier waarop ik m'n spel dan bij elkaar kan houden, betekent het verschil tussen nog een kans op alles of helemaal niets.

CONTROLEFACTOREN

Bij een toernooi is het belangrijk dat je weet hoe en wanneer je jezelf op kan peppen of kan kalmeren. Als ik bijvoorbeeld een belangrijke drive moet slaan en ik voel me wat slaperig en sloom, heb ik die zo broodnodige adrenaline direct weer op gang. Ik kan mezelf daarentegen ook zo tot kalmte dwingen dat ik, zodra dat nodig is, een heel rustige en beheerste bal kan slaan. Eén ding is echter zeker: niemand kan dat voor u doen, wat dat betreft bent u helemaal op uzelf aangewezen. Het komt er, kort en goed, simpel en alleen op neer dat u geestelijk, lichamelijk én emotioneel gewoon lekker in uw vel zit.

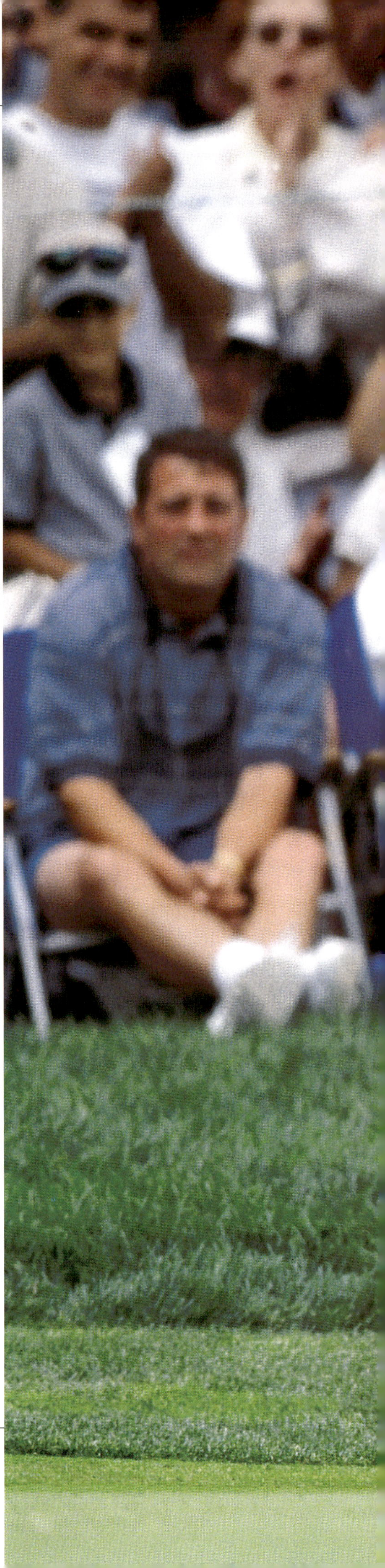

PEPSI

Ik heb tijden gekend dat ik zowel tegen negatieve gedachten moest vechten als tegen een krakkemikkige golfswing.

10
BAAS IN EIGEN HOOFD

MENTALE WINST

De essentie van het golfspel is het gebruik maken en uitbuiten van mogelijkheden en het minimaliseren van fouten en vergissingen. Het is een spelletje waar je je hersens bij moet gebruiken. Ik geloof dan ook dat mijn creatieve geest mijn sterkste wapen is. Het is een soort van innerlijke visie die me in staat stelt dingen te zien die anderen niet zien: het spelen van een bepaald schot of het ontdekken van die ene, kleine opening in het bos. Daarnaast ben ik gezegend met de lichamelijke kwaliteiten waardoor ik uit kan voeren wat mijn hersens me dicteren. De psychologie van het golf gaat nog een stap verder dan course management alleen. Het brengt mentale hardheid mee, zelfvertrouwen, intimidatie (van uw tegenstander bij een play-off of matchplay-partij bijvoorbeeld, EvGdN), sportiviteit, het verslaan van je eigen demonen, het onmiddellijk voor de geest kunnen halen van vroegere successen en het even snel weer uitbannen van eerdere mislukkingen. Het is als putten: een spel in een spel.

Mentale hardheid was mijn vaders tweede gift aan mijn golfspel. Hij wilde er zeker van zijn dat mijn concentratievermogen elke vorm van afleiding zou kunnen weerstaan. Dat deed hij door twee regels in te stellen. In de eerste plaats verbood hij me te praten tijdens een ronde, terwijl hij iedere truc gebruikte - van het laten vallen van zijn club onder mijn backswing tot het in en uit mijn ooghoek lopen onder het putten - om me maar af te leiden. De tweede regel was het eenvoudigst, er waren geen regels. Alles kon en alles mocht. Punt. Omdat hij geen idee had of ik die moeilijke omstandigheden wel aan zou kunnen, bood hij me een uitweg: een geheim codewoord dat alleen hij en ik maar kenden. Vraag me niet hoe - misschien was het pure halsstarrigheid - maar ik heb het nooit gebruikt. Het moeilijkste van alles was het niet kunnen praten, maar als blikken hadden kunnen doden zou mijn vader me de puberteit nooit hebben zien ontgroeien.

Sommige afleidingen kun je makkelijker uitbannen of blokkeren dan andere. Zo heb ik bijvoorbeeld leren omgaan met het klikken van camera's tijdens mijn swing. Ik ben welis-

Ik heb geleerd me te laten gaan na de winnende putt van een emotioneel zware en uitputtende laatste ronde.

waar nog steeds kwaad als het gebeurt, maar mijn reactie is tegenwoordig meer op de boosdoener gericht dan op het feit zelf. Er zijn echter heel wat ergere dingen dan het klikken van camera's op de verkeerde momenten, je moet er alleen voor zien te zorgen dat ze je spel niet kunnen beïnvloeden. Zoiets overkwam me tijdens de laatste ronde van het PGA Championship van 1999 op Medinah. Ik had wat mindere swings overleefd en stond ondanks dat en met nog 8 holes te gaan met 5 slagen aan de leiding. Twee holes later, ik sta net op de tee van de par-3 13de, holed Sergio Garcia een birdieputt en het verschil is nog maar 3 slagen. Ik probeerde me uitsluitend op mijn eigen spel te concentreren omdat dat het enige was waar ik zelf controle op uit kon oefenen. Toch maakte ik een ongelukkige double bogey op die 13de hole, doordat mijn afslag in de diepe rough zo'n 6 meter naast de green belandde. Toen ik naar de tee van de 14de liep, voelde ik iets wat ik daarvoor nog nooit had gevoeld tijdens een toernooi. Van het ene moment op het andere was ik de steun van het publiek kwijtgeraakt: het stond nu als één man achter Sergio. Mischien waren ze op de hand van de underdog, misschien ook zagen ze graag een spannende finish met een mogelijke play-off, ik weet het niet. Wat ik wel wist én voelde was de negatieve energie die de menigte jegens mij uitstraalde. Toen ik op de laatste hole dan ook een putt van een kleine halve meter holede voor de overwinning, ik had nog één slag over op Sergio, slaakte ik een zucht van opluchting. Ik had niet alleen die jonge, lastige uitdager plus een paar uiterst pittige slotholes weerstaan, de psychologische oorlogsvoering had ook geen vat op me gekregen. Geestelijk en emotioneel echter was ik volledig uitgeput.

Zelfvertrouwen is makkelijker te ontleden dan te meten. Het is een vaststelling van je vaardigheden om onder moeilijke omstandigheden een taak goed ten uitvoer te kunnen brengen. Succes is de vader van alle zelfvertrouwen. Je zelfvertrou-

De strategie om de green als eerste aan te spelen en mijn tegenstander daardoor onder druk te zetten bleek winstgevend.

BOUWSTENEN VOOR MENTALE HARDHEID

Door te leren van ervaringen uit het verleden kan iedere speler mentaal sterker worden. De geest is als een computer met een geheugen van duizenden megabytes. Sla uw ervaringen op voor later gebruik, want het golfspel is een doorlopend leerproces. Ook kunt u evenveel leren van uw mislukkingen als uw successen. Stel uzelf de vraag wat u wel of niet goed deed in een bepaalde situatie, en u zult zien dat u keer op keer dezelfde fout beging.

■ Leer van uw ervaringen en dat geldt evenzeer voor de positieve als de negatieve. Drie achtereenvolgende U.S. Junior- en evenzoveel U.S. Amateur Championship-titels hebben mij de waarde van het nooit opgeven geleerd. Ook het meer dan eens kwijtraken van een leidende positie heeft die nooit opgeven-houding alleen maar versterkt.

■ Durf voor uw vergissingen uit te komen, tenslotte slaat u die bal en niemand anders. Toen ik mijn drive op de laatste hole van de Dubai Desert Classic in 2001 in de rotzooi sloeg, kon ik dat alleen mezelf maar kwalijk nemen. Ik had die bal geslagen dus ik had de consequenties maar te aanvaarden.

■ Probeer dezelfde vergissing nooit voor een tweede keer te maken. Twee afslagen in de beek voor Augusta Nationals 12de green (tijdens The Masters van 1999 én 2000) overtuigden me voor eens en altijd dat ik daar nooit meer te kort mocht zijn. Beide keren was de wind weliswaar de boosdoener, maar dat is weer een dooddoener.

■ Wees nooit bang om een negatieve ervaring in

een positieve om te buigen.Zo heeft men mij er ooit eens van beschuldigd opzettelijk in de troep te slaan, zodat ik het op een heroïsche wijze weer kon herstellen. Het zou me een kick geven, dacht men. Nou, ze hadden nog gedeeltelijk gelijk ook. Al zal ik nooit of te nimmer opzettelijk in de rotzooi slaan, ik vind het heerlijk om een uitweg te ontdekken die iemand anders niet zou zien. Ook is het leuk om vanaf een downhill lie een hoge flop op een meter of zo van de vlag te slaan, zoals tijdens de laatste ronde van The Masters van 2001 op de 8ste.

■ Oordeel nooit te hard over jezelf, er zijn genoeg mensen die dat maar al te graag voor je willen doen. Ik ben mijn eigen strenge criticus, maar ik zal nooit iets doen om mijn zelfvertrouwen te ondermijnen. Zo zou ik aan het begin van het seizoen 2001 in een diep dal zitten, omdat ik zes toernooien op rij had gespeeld zonder één overwinning. Nou, we weten allemaal hoe dat heeft uitgepakt. (Woods won in april van dat jaar The Masters voor de tweede keer, het was zijn zesde Major-titel en zijn vierde op rij, EvGdN).

wen groeit na iedere gemaakte putt, en het zal niet lang meer duren of je schakelt de automatische piloot in en speelt nog uitsluitend instinctief. Dichter bij het perfecte spel op de green kom je niet, soms (vaak?) echter denken we te veel in plaats van die innerlijke stem te volgen die zegt dat je het kan. Op die manier 'denken' we onszelf naar die slechte stroke, het daarbijbehorende resultaat én het verlies aan zelfvertrouwen toe. Het is ook met mij gebeurd, terwijl ik er geen last van had toen ik jonger was. Ik ben een aanvallende putter van nature, waardoor ik als jochie de eerste putt rustig anderhalve meter voorbij de hole sloeg om de volgende al even rustig en zonder een spoortje stress uit te holen. Pas wanneer ik na ga denken wat er kan gebeuren als ik die eerste mis, wordt de hole opeens een stuk kleiner.

Intimidatie is ook zo'n ongrijpbaar iets. Hoe kun je iemand intimideren in een spel waarbij je geen lichamelijk contact hebt? In het golf is intimidatie 'tussen de oren' mogelijk. Maar als je voldoende geloof in jezelf hebt, zal geen andere golfer je kunnen intimideren. Ik was een elfjarig praatjesmakertje en speelde in de Junior World op Torey Pines in San Diego. Ik had genoeg ervaring met jongens die ouder waren en was niet snel bang te krijgen. Mijn medespeler in de eerste ronde was echter enorm en ofschoon hij maar een jaar ouder was, had hij zo rugby kunnen spelen voor een universiteitsteam. Zijn allereerste drive vertrok als een raket om na enige tijd midden op de green van die par-4 (!) te landen. Ik had het niet meer. De rest van de week was ik mezelf niet en ik sprak maar sporadisch tegen mijn vader. Op weg naar huis vroeg mijn vader me waarom ik die week zo stil was en ik bekende hem dat ik bang was geweest. "Bang van wie?" vroeg hij en ik slikte en antwoordde: "Die grote knul." "Jongen," zei mijn vader, "golf wordt niet met omvang of kracht gespeeld, maar met vaardigheid, intelligentie en moed." Meer zei hij niet want hij wist dat ik even voldoende had om over na te denken. Een grote speler als Gary Player zal die les ongetwijfeld ook geleerd hebben. Ik wist toen niet of ik ooit groot en sterk zou worden, één ding echter wist ik wel: ik zou me nooit meer laten intimideren, door wie dan ook!

Talent en overgave compenseren fysieke kracht.

'Gamesmanship' (een goed Nederlands woord is er niet voor, maar het is de kunst om te winnen zonder gemene trucjes uit te halen, EvGdN) is in het golf heel wat subtieler dan in andere sporten. Honkballegende Babe Ruth wees even voor hij sloeg de plaats aan waar hij de bal uit het stadion zou knuppelen. En niemand die onder het spel meer onzin en quatsch verkocht dan Michael Jordan of Larry Bird, twee supersterren in een sport waar arrogantie en een grote bek, mits het maar waargemaakt wordt, volkomen zijn geaccepteerd. Als je, in een matchplay-partij bijvoorbeeld, in je tegenstanders hoofd weet door te dringen ben je al een heel eind op weg.

Met mij heeft men ook heel wat uit proberen te halen, van de doordringende blik na het maken van een lange putt, tot het slaan van een bepaalde club op een par-3 om vervolgens aan de caddie door te laten schemeren dat het een kortere of langere stok was. Ik hou wel van die spelletjes, ze horen bij het golf en zelf heb ik er ook een paar tot mijn beschikking. Hier is mijn persoonlijke top-5, maar ook u mag 'm gebruiken:

- Doe na het slaan van een mooie, lange drive alsof het maar een rotbal was en u kwaad bent op uzelf.
- Als u na een drive naar uw bal loopt die ver voorbij die van uw tegenstander ligt, aarzel dan een moment bij zijn bal en doe even alsof u denkt dat het de uwe is.
- Geef hem de eerste twee of drie korte putts, voor u hem een even korte laat maken.
- Breng hem in verwarring door hem een of twee dooie putts te laten maken voor u hem een lastige 60cm-putt geeft.
- Maak - nadat u uw tegenstander er op een dag met harde wind uit heeft geslagen van de tee - naast zijn bal een paar oefenslagen met de verkeerde (kortere bijvoorbeeld) club. Als hij opgelet heeft wat u neemt, en dat hééft hij, is de kans groot dat hij voor zijn slag ook een verkeerde club pakt.

Jongens als Freddie Couples en Ernie Els lopen er zo ontspannen bij, dat je nooit weet wat er in hen omgaat. Spelers zoals ik daarentegen zijn weer meer emotioneel en tonen dat ook. Wat we echter allemaal gemeen hebben is die competitieve drang die het beste uit ons naar boven haalt, ook al zal dat niet altijd genoeg zijn. We falen immers meer dan dat we slagen. Toch moeten we er voor zorgen dat die mislukkingen niet aan ons gaan knagen, dat ze ons zelfvertrouwen niet aantasten. Want voor je het weet zullen de demonen die in je huizen alles in twijfel trekken: van je putting-stroke tot je swing en van de vorm van je marker tot de kleur van je sokken.

Die demonen hebben mij nog niet dwarsgezeten, maar ik ken spelers die minder fortuinlijk

Ik hou van de 'gamesmanship' en het man-tegen-man-gevecht van matchplay. Soms liggen de geestelijke spelletjes die gespeeld worden er duimendik bovenop, soms echter zijn ze even subtiel als die fluweelzachte puttingstroke die de bal langs de moeilijkste lijn feilloos naar de hole weet te voeren.

waren. De reden waarom ik de kleine duivels heb weten te vermijden is tweeledig. Om te beginnen heb ik het niet over nerveus zijn. Ik ben even nerveus als ieder ander als ik de bal voor het eerst optee. Ook voelt iedere wedstrijdspeler een zekere vorm van ongerustheid, dat is nu eenmaal een onderdeel van het spel om de knikkers. Nee, ik heb het over bang zijn of het nu bewust is of onbewust: doodgewoon angst hebben voor iets of iemand. Zo heb ik van spelers gehoord die bang zijn om te winnen. Stel je dat eens voor. Toen ik pro werd keerden nogal wat lieden zich tegen mij omdat ik zei dat ik speelde om te winnen. Ik was gewoon eerlijk, meer niet.

Teneinde werkelijk succesvol te kunnen zijn in wat je doet, moet je je angsten kunnen onderdrukken. Wees niet bang en geef alles wat je hebt.

Nu de tweede reden waarom de duiveltjes geen vat op mij krijgen: ik weiger namelijk aan spanning of druk toe te geven. Er zijn spelers die zo zacht als boter worden wanneer die druk wordt opgevoerd. Ik niet. Ware kampioenen houden van de strijd. Natuurlijk kan het zo spannend worden dat je zenuwstelsel het zwaar te verduren krijgt, maar is dat niet een van de leukste onderdelen van het spel? Heeft u zich ooit gerealiseerd waarom Michael Jordan en Jack Nicklaus boven kwamen drijven als het er echt om ging? Simpel: ze houden van het voetlicht en wisten zichzelf steeds weer opnieuw tot grote hoogte op te zwepen. Geef Michael de bal bij een gelijke stand met nog drie seconden op de klok, geef Jack een putt die móét vallen en de grote bal is al door het netje als de cup nog natrilt van het tollen van de kleine. En dat kwam omdat ze als ware kampioenen gewend waren met druk om te gaan én omdat ze zich louter en alleen concentreerden op dat wat telde: winnen! Als je of een groot kampioen wilt worden of alles uit jezelf wilt halen wat maar mogelijk is, moet je verstoken zijn van angst en je niet bewust zijn van druk.

TIGERS
GEHEIM
NR. 7

LANG IS NIET ALTIJD GOED IN MATCHPLAY

Golf is ook een spel van actie en reactie en weten of en wanneer je het een of het ander moet doen, is een kwestie van ervaring. De strategie die ik toepas als een medalplay-toernooi puur matchplay wordt, is het resultaat van eerdere successen en mislukkingen. Zo heb ik niet alleen geleerd vooruit te denken, maar ook 'vooruit te slaan'. Ik wil bijvoorbeeld nog wel eens een kortere club van de tee nemen om het tweede schot vervolgens als eerste te kunnen slaan, om zodoende druk op mijn tegenstander uit te oefenen. De eerste keer dat ik deze strategie in een professioneel toernooi uitprobeerde was in een play-off tegen Davis Love III in de Las Vegas Invitational van 1996. Op de eerste play-off hole sloeg Davis een lange rechte drive, terwijl ik een houten-3 sloeg omdat ik mijn bal achter de zijne wilde houden. En ofschoon mijn approach ruim 6 meter rechts van de vlag viel, voelde hij toch de druk om tussen mijn bal en de vlag in te komen. Hij drukte zijn schot in de linker bunker en maakte een bogey. Ik had niet meer dan twee putts nodig en mijn eerste overwinning als professional was een feit. Actie en reactie, daar had het allemaal mee te maken. Het waar en wanneer en het hoe en hoe ver komt dan, naarmate je meer ervaren wordt, bijna als vanzelf.

Voor een belangrijke slag haal ik altijd één keer diep adem om zo ontspannen mogelijk te kunnen slaan.

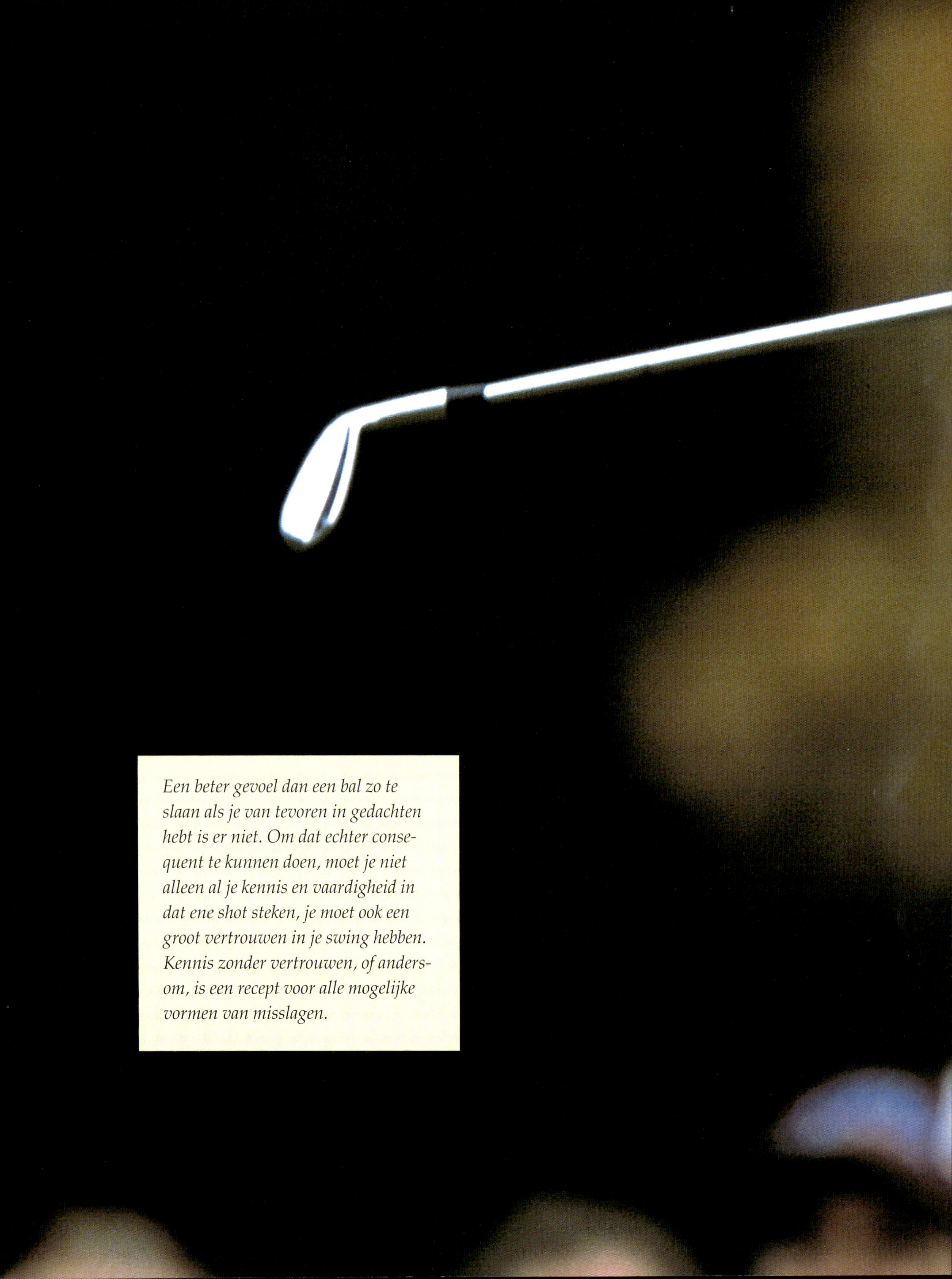

Een beter gevoel dan een bal zo te slaan als je van tevoren in gedachten hebt is er niet. Om dat echter consequent te kunnen doen, moet je niet alleen al je kennis en vaardigheid in dat ene shot steken, je moet ook een groot vertrouwen in je swing hebben. Kennis zonder vertrouwen, of andersom, is een recept voor alle mogelijke vormen van misslagen.

EEN SNEL HERSTEL

Ik heb een grote variatie van misslagen in mijn carrière gehad, en zolang ik blijf spelen zullen er meer volgen. Ik realiseer mij ook terdege dat iedere volgende swing een slecht schot in kan houden. Maar wat ik me ook realiseer is dat zodra ik zo'n slechte bal heb geslagen, de volgende goed moet zijn. Daar bedoel ik eigenlijk mee te zeggen dat ik geleerd heb om te herstellen en te vergeten. Lang bij een fout stil blijven staan heeft namelijk geen enkele zin. Je kunt het schot nu eenmaal niet opnieuw slaan: een tweede service kennen we niet bij golf. Datzelfde geldt voor mijn spaarzame emotionele uitbarstingen. Het is niet meer dan een bevrijding en zodra het uit m'n systeem is ben ik weer helemaal de oude. Ik realiseer me ook dat sommige van mijn opmerkingen, ofschoon op mezelf gericht, misschien niet bij iedereen in de smaak zullen vallen.

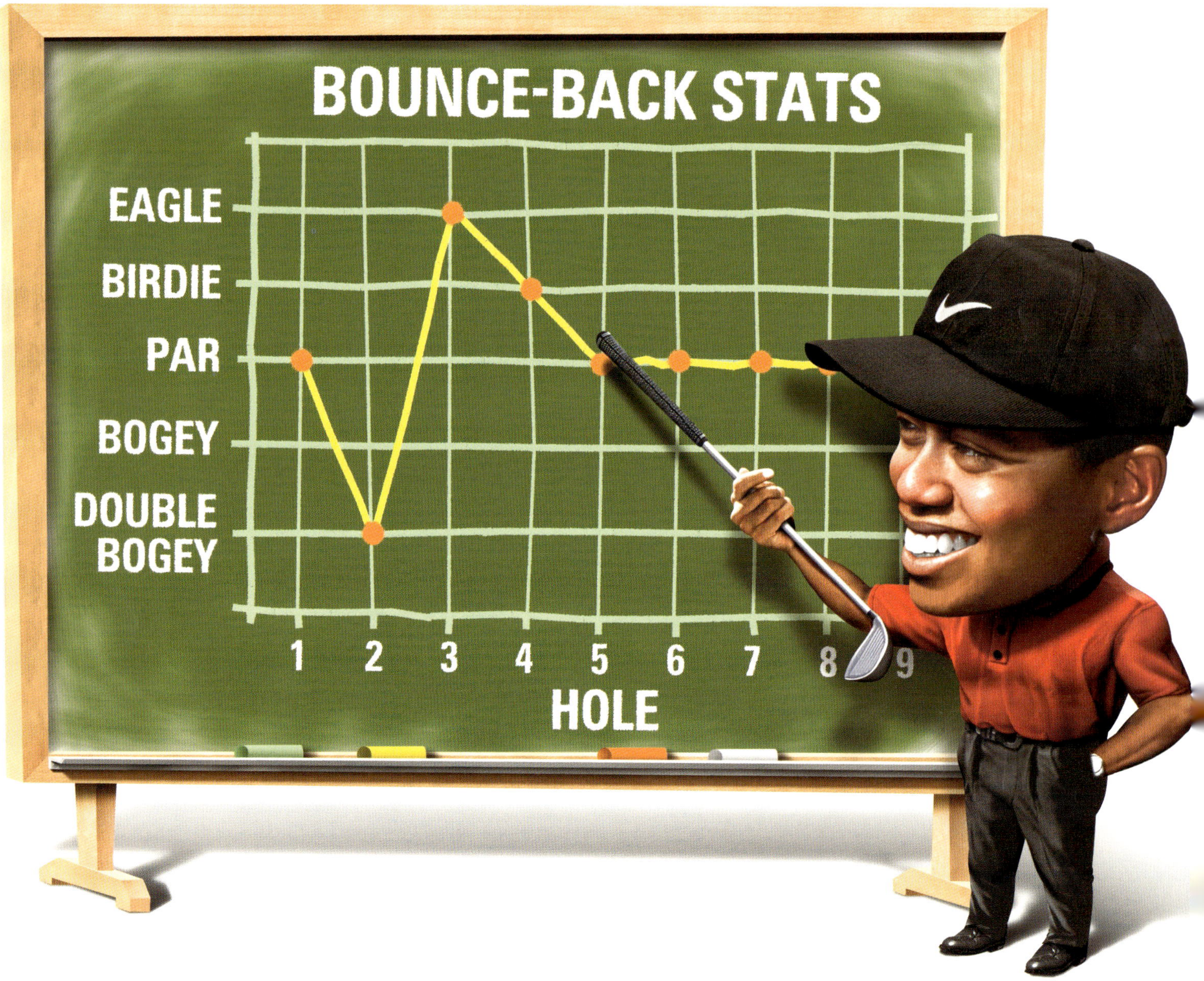

DE KRACHT VAN POSITIEF DENKEN

Mijn moeder is een van die mensen die nog in de donkerste dag een straaltje zonneschijn kan ontdekken. Ik denk dan ook dat ik mijn positieve kijk op het leven van haar heb, zoals ik die wat-er-ook-gebeurt-nooit-opgeven-mentaliteit van mijn vader heb meegekregen. Voor allebei geldt echter dat je naast een heilig geloof in eigen kunnen, ook in staat moet zijn de uitkomst te accepteren, of die nou goed is of slecht. De weg die naar mislukkingen leidt is geplaveid met negatieve gedachten: als je al dénkt iets niet te kunnen, zal het je waarschijnlijk ook nooit lukken. Denk je, aan de andere kant, iets wél te kunnen, al is het nog zo moeilijk, dan zal de kans van slagen aanmerkelijk groter zijn dan anders.

De laatste ronde van de Bay Hill Invitational van 2001 is een mooi voorbeeld. Ik begon die zondag met een nipte voorsprong van één slag, maar mijn swing liet me in de steek en met nog drie holes te spelen was het precies andersom: ik moest Phil Mickelson zien te achterhalen, want nu ging *hij* met één slag aan de leiding. Ondanks een weifelend tee shot op de par-5 zestiende wist ik toch een birdie te maken, maar mijn birdie putt op de par-3 zeventiende lipte de cup en ging er langs. Op de moeilijke par-4 achttiende hole trof ik een toeschouwer met mijn drive. De man mankeerde gelukkig niets, sterker nog, hij had mijn bal er ook nog van weerhouden out of bounds te vliegen... Maar toch, ik had nog ruim 175 meter te gaan, met de laatste paar meter over water naar een vlag die in de rechterhoek was 'verstopt'. Ondanks het feit dat ik die hele dag niet echt mezelf was geweest, vertrouwde ik op mijn swing en de uitkomst van de slag. En terecht, want de bal stopte op nauwelijks 5 meter van de cup, mijn birdie putt trof doel en weer waren de rollen omgedraaid: met één slag voorsprong op Phil had ik de Bay Hill Invitational gewonnen. Door positief te denken.

WINNEN: NIET ALLEEN KUNNEN, OOK WILLEN

Een vraag die mij altijd gesteld wordt is hoe ik zo gefocust, zo geconcentreerd kan blijven als de druk wordt opgevoerd. Het antwoord is simpel. Ik realiseer me namelijk terdege dat alles wat ík kan controleren mijn eigen spel is. Dat is mijn enige vorm van zekerheid, meer is er niet. Ik kan er niet op rekenen dat ik het spel van anderen kan controleren, daar zijn de meeste topspelers echt zelf wel toe in staat. Soms win je toernooien, soms ook krijg je ze in de schoot geworpen. De sleutel is om jezelf conse-

quent in een positie te manoeuvreren van waaruit je toe kunt slaan: kunt winnen! Alleen op die manier kun je wennen aan druk, weet je hoe het voelt én kun je met die gevoelens omgaan als je die ene, o zo belangrijke putt oplijnt: de putt die vallen móét. Door jezelf in de hand te hebben heb je ook je eigen bestemming in de hand. Als ik druk uitoefen op mijn tegenstanders, kan ik dat alleen maar door mijn spel beter in de hand te hebben dan zij het hunne: schot voor schot en hole voor hole.

Ik ken geen beter gevoel, zoals hier op Bay Hill in 2001, dan precies te weten wat ik doen moet om te winnen om het vervolgens - sportief én emotioneel - nog waar te kunnen maken ook.

NOG WAT GEDACHTEN

❖ ❖ ❖

Het spelen van topgolf houdt veel meer in dan het aanleren en ontwikkelen van solide grondbeginselen en een goede techniek: alles dient ook nog eens in de juiste verhoudingen te staan.

11
STERK ZIJN EN BLIJVEN

ALLEEN DE STERKSTEN OVERLEVEN

Toen ik in de zomer van 1996 professional werd, woog ik 77 kilo met mijn golfkleren en schoenen aan. Dat is behoorlijk licht voor iemand van mijn lengte, en ik wist dus dat ik sterker en steviger moest worden om het zware professionele metier aan te kunnen. Ook wilde ik mijn slagenarsenaal vergroten met schoten die meer kracht vergen. Daarnaast was ik me bewust van het feit dat mijn lichaam nog niet volledig volgroeid was en dat mijn swing daardoor in de problemen zou kunnen komen. Dat was overigens nog het duidelijkst merkbaar bij de korte ijzers. Het ene moment sloeg ik 137 meter met een ijzer-9 en het volgende 155. Ik moest mijn spieren ontwikkelen om constanter te kunnen spelen. Zo kon ik de eerste paar keer dat ik voor The Masters uitgenodigd was de greens maar moeilijk met een sand wedge vinden. Of ik sloeg er ruim overheen, of de bal spinde even hard terug als de greens snel waren. Ik herinner me dat de negende me nog de meeste problemen opleverde bij mijn debuut in 1995. Ik sloeg er iedere ronde de perfecte drive, ver voorbij het oversteekpad, terwijl mijn approach tot tweemaal toe tot aan mijn voeten terugrolde doordat ik de bal met te veel spin tegen een van de glooiingen had geslagen. Ik sloeg de sand wedge in die dagen dan ook veel harder dan goed voor me was, terwijl ik veel beter een driekwart wedge had kunnen nemen waarmee ik de spin beter kon controleren. Die rustige, korte slagen waarbij de armen het zwaarste werk opknappen had ik destijds nog niet tot mijn beschikking: het ontbrak me domweg aan kracht. Een van de eerste dingen die ik dus deed als pro was het veranderen van mijn dieet en ik wilde maar twee dingen: meer gewicht met minder vet. Ik ontwikkelde een fitnessprogramma waar mijn hele lichaam baat bij had, want ik wilde niet alleen moeiteloos kracht kunnen ontwikkelen, ik wilde ook die korte, scorende slagen onder de knie krijgen. En als ik een bepaald schot alles moest geven wat ik had, moest ik daartoe in staat zijn zonder mijn evenwicht te verliezen. Kort en goed: ik moest sterker worden. Aan fitness had ik altijd al gedaan, waardoor ik mijn progamma eigenlijk alleen maar aan moest passen om er ook stretch-, aerobic- en gewichtsoefeningen aan toe te kunnen voegen. Het was mijn bedoeling om met iedere spier in mijn lichaam te werken, waardoor ik naast kracht ook aan uithoudingsvermogen zou winnen. Ik weet niet hoeveel stretchoefeningen Sam Snead doet, maar ze hebben me wel verteld dat hij een van de meest lenige atleten ooit is. Lenig? De man was van elastiek! Ik ben er ook van overtuigd dat het een belangrijke reden was waarom hij zo lang mee kon in een sport, waar de backswing korter wordt naarmate je langer speelt. Dat komt overigens omdat de spieren in het bovenlichaam hun elasticiteit verliezen, waardoor de schouders niet ver genoeg meer kunnen draaien.

Ik heb het belang van een goede conditie geleerd toen ik als jongen aan veldlopen deed. Wat ik toen ook heb geleerd is dat hoe harder je rent hoe sneller het voorbij is. Daarom loop ik, als het weer of mijn schema het maar enigszins toelaat, altijd zo hard mogelijk gedurende een kilometer of zes. Mocht ik om de een of andere reden niet kunnen lopen, dan is de hometrainer een prima alternatief. Toen ik voor het eerst met die fiets begon, moest ik hem zo licht mogelijk afstellen. Zelfs toen voelde ik mijn benen na een paar minuten fietsen al bijna niet meer, maar mijn uithoudingsvermogen werd langzaam groter en groter. Nu kan ik bijna de zwaarste versnelling ronddraaien tot ik er genoeg van heb en zo, voorzichtig in het begin en daarna gelijkmatig opvoeren, moet het programma ingedeeld worden. Neem na het hardlopen ook altijd zo'n 10 tot 15 minuten de tijd om af te koelen, voor je aan de rest van je oefeningen begint. Gebruik die tijd om je geest leeg te maken en train jezelf om aan helemaal niets te denken. U zult versteld staan hoe verfrissend dat werkt: zowel op lichaam als geest. Daarnaast kan het ook nog eens heel effectief werken als het dermate druk is op de eerste tee dat u een tijdje moet wachten. Maak leeg dat hoofd en u zult zien dat u zich veel beter op het spel kunt concentreren.

Sam Snead was zo lenig dat hij met zijn voet het plafond kon raken toen hij al ver in de zeventig was.

9 sleutels voor een gezonde loopoefening:

- Ik kleed me zoals het moet, licht bij warm weer en zwaarder bij koud weer.
- Ik draag makkelijk zittende schoenen en verwissel ze voor ik ze helemaal heb uitgewoond.
- Bij koud weer draag ik een wollen muts.
- Voor ik ga lopen werk ik eerst mijn stretchoefeningen af.
- Ik ga nooit op het heetst van de dag lopen.
- Ik loop hard in heuvelachtig terrein.
- Ik neem altijd een kwartier om af te koelen voor ik verder ga met mijn oefenprogramma.
- Na afloop drink ik veel water.

Deze 'achter-de-rug' stretch-oefening helpt me blessures te voorkomen.

HOE IK MIJN SPIEREN SOEPEL HOU

Hier zijn verschillende stretchoefeningen die u zullen helpen om de specifieke golfspieren soepel te houden. Doe het in het begin rustig aan en neem een stapje terug als het pijnlijk wordt. Alvorens aan een fitnessprogramma te beginnen zou u eerst uw huisarts moeten raadplegen:

Dankzij mijn fitnessoefeningen ben ik behoorlijk lenig in de nek en schouders.

■ ***Onderrug:*** probeer vanuit een staande positie voorover te buigen en uw tenen aan te raken; hou dit 20 seconden vast en herhaal het zo veel u wilt. Tracht vanuit een zittende positie zover voorover te buigen dat u de grond tussen uw voeten aan kunt raken; hou dit 10 seconden vast en herhaal het eveneens zo vaak u wenst. Wat ik tijdens een warming-up ook regelmatig doe is een club met beide handen achter mijn hoofd en parallel aan de grond achter ondernek en schouders houden, waarna ik langzaam volle schouderdraaien maak om de rugspieren losser te maken.

■ ***Heupen:*** ga met gestrekte benen op uw rug liggen, sluit beide handen onder een van uw knieën en trek dat been vervolgens naar uw borst, terwijl u het andere been gestrekt op de grond houdt. Probeer die positie 20 seconden lang vast te houden en herhaal met het andere been.

■ ***Borst:*** pak je handen achter je rug vast en druk ze vervolgens omhoog en zet uw borst zover mogelijk uit. 20 seconden vasthouden weer en herhalen zo veel u maar wilt.

■ ***Schouders:*** leg uw linkerarm vanuit een staande positie over uw schouder en achter uw rug en probeer daarna uw rechterhand te pakken, die u ook achter uw rug houdt. In het begin zult u zeker niet in staat zijn om de vingers aan te raken, maar naarmate de spieren soepeler worden en zich meer zullen strekken, kunt u zichzelf achter uw rug de hand schudden.

■ ***Kniepezen:*** Ga zitten, spreid uw benen zo ver mogelijk uit elkaar en probeer uw linkervoet met de handen vast te pakken, terwijl u beide benen gestrekt op de grond houdt. Weer 20 seconden vasthouden en met de andere voet herhalen.

■ ***Handen en vingers:*** veel spelers begrijpen het belang niet van lenige vingers en handen. Schud de handen een paar minuten los en strek en beweeg de vingers.

Tenzij ik erg lang moet wachten ga ik nooit zitten op de tee.

■ En mijn stretchoefeningen vergeet ik daarna evenmin.

Ik geloof dat een uitstekende conditie me absoluut een voorsprong bezorgt als ik of op één dag 36 holes matchplay spelen moet zoals in het U.S. Amateur en de Ryder Cup, of 36 holes in een door regen opgehouden regulier strokeplay-evenement. Het geeft me net dat beetje extra als ik het het meeste nodig heb. Zoals tijdens de laatste ronde van de NEC Invitational in Akron, Ohio, van 2000, die door regenoponthoud in een heuse marathon uitmondde. We eindigden de dag vrijwel in het donker, maar ik voelde me nog net zo fris als toen ik die ochtend aan mijn warming-up begon. Moeheid kan uw concentratie niet alleen negatief beïnvloeden, het kan er ook voor zorgen dat u foute beslissingen neemt. Ik zou nooit een toernooi willen verliezen doordat ik wegens oververmoeidheid een situatie verkeerd heb ingeschat. Doordat ik in Akron in topconditie was, bleef ik ook mentaal scherp en dat stelde me in staat weer een beker aan mijn prijzenkast toe te voegen. Als mondiale speler kon ik daardoor ook in 24 uur

Omdat de spieren tijdens oponthoud stijf kunnen worden, doe ik altijd wat stretchoefeningen om ze elastisch te houden. Je kunt je schouders nu eenmaal niet voluit draaien als je nekspieren te stijf zijn om mee te werken.

Omdat ik mondiaal opereer is het van groot belang dat ik me aan een streng fitnessregime hou.

WOODS

door een half dozijn tijdzones reizen zonder volledig gebroken aan te komen.

Gewichtstraining, het woord zegt het helemaal, is niets anders dan je spieren met behulp van losse gewichten of speciale apparatuur trainen. Ik geloof dat het voor een speler noodzakelijk is om zowel aan maximale kracht als controle te werken. Daarom train ik iedere spiergroep in mijn lichaam met een grote mate van zelfdiscipline. Je kunt nu eenmaal niet de ene week wel met gewichten trainen en de week daarop niet. Een krachtig lichaam krijg je natuurlijk niet van de ene dag op de andere. Zelf werk ik drie tot vijf keer per week met gewichten. Mijn starttijd bepaalt in hoge mate wat ik aan oefeningen zal doen. Als ik bijvoorbeeld een vroege starttijd heb, zal ik niet met gewichten werken, maar me meer op de normale warming-up oefeningen concentreren. Wat ik wil bereiken is een zo los en vloeiend mogelijk natuurlijk ritme, zowel voor als tijdens de ronde. Wat de gewichtstraining nog betreft: ik gebruik verschillende gewichten voor verschillende delen van mijn lichaam. Het zwaarste gewicht is natuurlijk voor mijn benen bestemd, want die vormen het sterkste deel van mijn lichaam.

Ik hou ervan om met losse gewichten te werken, omdat ik zowel met mijn lichaam als met de bewegingen die ik maak vanuit verschillende hoeken werken kan. Daarnaast bezorgen ze me vanzelfsprekend ook veel meer bewegingsvrijheid. Teneinde spierblessures tegen te gaan doe ik natuurlijk altijd eerst de nodige stretchoefeningen voor ik met de gewichten aan de slag ga. Ook zal ik nooit met zware gewichten werken zonder iemand bij de hand te hebben. De meeste fitnessexperts bevelen trouwens aan om de verschillende delen van het lichaam ook op verschillende dagen te trainen.

Zo zou u zich bijvoorbeeld vandaag op uw bovenlichaam kunnen concentreren, morgen op de benen en het onderlichaam en de volgende dag weer

GEWICHTSOEFENINGEN

Het bovenlichaam is de motor van uw swing en zoals u de motor in uw auto regelmatig laat nakijken en onderhouden om hem `fit' te houden en maximaal te kunnen laten presteren, zo zou u dat ook met uw eigen lichaam moeten doen. In het heetst van de strijd mag mijn motor niet haperen, alles moet soepel en geolied lopen en om dat te kunnen bewerkstelligen doe ik de volgende oefeningen voor het versterken van de bovenkant van de rug, schouders, borst, armen en buikspieren:

- Trekoefeningen voor de bovenkant van de rug (musculus latissimus dorsi).
- Roeioefeningen (zittend) voor de draaispieren in de armen.
- Gewichtheffen voor de schouders.
- Bankdrukken op een horizontaal bankje en op een bankje met opstaande rugleuning, alsmede oefeningen met dumbbells (handhalters). De laatste oefening is geliefd bij bodybuilders en dient langzaam te worden opgebouwd. Voor deze oefening moet u plat op een bankje gaan liggen met in elke hand een handhalter. Houd de handhalters vast met de handpalmen naar beneden, parallel met het bankje. Beweeg ze van uw lichaam af en breng ze met een boog terug naar uw lichaam, totdat uw handen elkaar boven de borst aanraken. U moet uw ellebogen licht gebogen houden. Zet ze niet vast.
- Duwoefeningen of bovenshoofds uittrekken van de triceps (elke combinatie mag) voor de triceps.
- Horizontaal en verticaal buigen van de polsen voor de onderarmspieren.
- Normale buikspieroefeningen – u kunt ze overal doen – en optrekken van de knieën tot aan de borst (ook goed voor de buikspieren).

Conditie is een even belangrijk onderdeel voor de golfswing als voor de training met gewichten. Om de gewenste resultaten te kunnen behalen moet de conditie altijd op peil blijven, maar bedenk wel: bezint eer ge begint. Neem nooit te veel hooi op uw vork en weet ook dat als je jong met dit soort oefeningen begint je ook op oudere leeftijd sterk kunt blijven. Met een gezond lichaam en een krachtiger swing die een leven lang meegaat als ultieme beloning.

ZO GEBRUIK IK DE VERZWAARDE CLUB

Het handhaven, of zelfs verhogen, van de elasticiteit in mijn spieren heeft niet alleen een positieve invloed op mijn prestaties, het heeft me ook geholpen blessures te voorkomen. Het is een belangrijk onderdeel van mijn fitnessprogramma, waarbij alle lichaamsonderdelen gedurende één tot twee uur getraind worden en dat - afhankelijk van mijn wedstrijdschema - weer zo'n drie tot vijf keer per week. Ook het gebruik van een verzwaarde club - en dan natuurlijk eentje zonder bal - kan ik van harte aanbevelen voor de warming-up. Het is een uitstekend hulpmiddel om de spieren van het bovenlichaam goed te laten rekken, maar u dient met deze club wel rustig en langzaam te swingen.

- Ik maak voor ik begin eerst mijn spieren los en warm.
- Ik begin iedere swing vanuit de adrespositie.
- En, nogmaals, ik ben voorzichtig en zwaai de club langzaam en bedachtzaam om spierblessures te voorkomen.
- Ik zorg er wel voor dat ík de club zwaai en niet andersom, ik zou er, bijvoorbeeld, flink mee uit balans kunnen raken.
- Ik zorg bij het adresseren voor een juiste setup en let goed op mijn ruggengraat bij het 'spelen' met de verzwaarde club.

op het bovenlichaam. Of u zou om de dag met gewichten kunnen werken of, om nog een voorbeeld te geven, lichte oefendagen met zwaardere af kunnen wisselen. Zorg in ieder geval voor voldoende variatie om de eentonigheid tegen te gaan en zoek uit wat voor u het geschikst is. Ook zou ik er nogmaals op aan willen dringen dat u zich eerst bij uw huisarts meldt voor u aan een dergelijk fitnessprogramma begint. Want, vergis u niet, het trainen met gewichten heeft niet alleen invloed op de spieren maar ook op het hart.

Omdat de benen voor de fundering zorgen bij de golfswing, zou ik de volgende oefeningen willen aanbevelen om die fundering zo goed en zo solide mogelijk te maken: buig- en strekoefeningen, opdrukken plus regelmatige kniebuigingen en kniebuigingen met gewichten. De laatstgenoemde oefeningen zijn wellicht de allerbelangrijkste om krachtige benen te ontwikkelen. Zij zijn goed voor de ontwikkeling van de quadriceps (vierhoofdige spieren aan de voorkant van de dijen), de achillespezen, de bilspieren, de onderrug en de musculus gluteus maximus, de sterkste spier in het menselijk lichaam, die ervoor zorgt dat het bovenbeen vanuit een anteflexiestand in één lijn wordt gebracht met het lichaam. De oefeningen

Dankzij mijn trainingsprogramma is mijn bovenlichaam nu goed ontwikkeld.

DEZE VOEDING HELPT MIJ TE WINNEN

Tien keer alles

(Voedsel met een hoge voedingswaarde en een laag vetgehalte)

- Alle soorten oranjegekleurd fruit en groenten, zoals cantaloupe (soort meloen), zoete aardappel, pompoen en wortel
- De meeste groene groente- en fruitsoorten
- Kalkoen
- Magere melk en karnemelk
- Volkoren producten
- Gekookte vis
- Gegrilde kip
- Eiwit
- Rijst
- Vruchtensappen

Tien keer niks

(Voedsel vol nutteloze calorieën)

- Gebakken of gebraden kip
- Gebakken of gebraden vis
- Rood vlees en spare ribs
- Jus
- Frites en chips
- Ham
- Soft drinks
- Pizza
- IJs
- Gebak

FRESH EGGS
WHEAT
WHEAT
Fruit Juice
OPEN
SKIM MILK
TEN TO WIN

zijn ook ontzettend goed voor het ontwikkelen van uithoudingsvermogen en kracht. Wees echter voorzichtig met hurkzitoefeningen. Een spier is gauw verrekt, dus bouw het rustig op.

Voor de doorsnee golfer die zijn spierkracht wil ontwikkelen adviseer ik twee oefeningen per dag, de eerste oefening tien à twaalf keer met gewichten waar u niet moe van wordt. Bij de tweede oefening zou ik het gewicht 15 à 20 procent laten toenemen, hetgeen de oefening navenant moeilijker maakt. Het is dan bijvoorbeeld mogelijk dat u de tweede oefening slechts zeven of acht keer kunt herhalen. Dit is een teken dat de oefening vruchten begint af te werpen. Bouw dit systeem langzaam op.

Ik weeg ongeveer 90 kilo en mijn vetpercentage verhoudt zich als een bogey tot een par-4: een aanvaardbaar niveau derhalve. Maar ook zijn mijn energie en uitverhoudingsvermogen sinds mijn

Alleen door het eten van goed voedsel plus het drinken van veel water kan ik ook onder moeilijke omstandigheden - drukkende hitte met een hoge vochtigheidsgraad bijvoorbeeld - succesvol blijven.

kinderjaren nooit beter geweest en dat komt weer uitsluitend doordat ik tegenwoordig oplet met wat ik eet en drink.
Uw dieet kan ik niet plannen want ieder mens is anders. Wat voor mij goed is, hoeft dat nog niet voor u te zijn. Er zijn echter bepaalde etenswaren die slecht zijn voor de gezondheid.
Daarom beveel ik ook aan dat u het gebruik van dierlijk vet als kaas, room en volle melkproducten minimaliseert en minder vet vlees eet. U hoeft echt geen vegetariër te worden, ik ben dat ook niet. Sterker nog, ik eet zelfs nog wel eens een cheeseburger, maar het is een uitzondering want zoals bij zoveel andere dingen is matiging ook hier het sleutelwoord.

De dagen dat ik tussendoor snel even een hamburger met frites naar binnen sloeg zijn voorgoed voorbij.

Wat ik, met betrekking tot mijn eigen dieet, wel en niet doe:

■ Ik zal een ronde nooit op een volle maag beginnen. Probeer dan ook op zijn minst twee uur voor u af moet slaan te eten zodat het voedsel de kans krijgt om te verteren.
■ Ik drink voor en tijdens de ronde veel water.
■ Ik zorg voor voldoende voedzame en energierijke mueslirepen.
■ Moderne sportdrankjes gaan uitdroging tegen.
■ Appels en bananen zijn ook prima om energie op te wekken.
■ Chocolade eet ik tijdens de ronde nooit.
■ Zwaar en of vet voedsel eet ik op de turn evenmin, je wordt er alleen maar sloom en slaperig van.
■ Ik eet nooit vlak voor het naar bed gaan, voedsel heeft tijd nodig om te kunnen verteren en als ik lig gebeurt er niets.
■ De meeste toetjes zijn desastreus, die vervang ik dan ook door fruit en yoghurtijs.

Ook heb ik geprobeerd om mijn zout- en suikerconsumptie te matigen, maar mijn moeders kleefrijst met mango laat ik niet staan. Het is daarom maar goed dat ze het niet te veel maakt. Want al heb je een beetje vet nodig om op gewicht te kunnen blijven, je moet het ook weer niet te gek maken.

Ik heb al toegegeven dat ik als jongen een fastfood junkie was. Zo herinner ik me mijn vaders wijze lessen over het 'junk-food-kwaad'. "Jongen," placht hij te zeggen, "geniet van je jeugd maar besef wel dat dat soort voedsel niet goed voor je is. Er komt een dag dat je zelf zult besluiten om beter en gezonder te gaan eten." Hij zei dat het mijn eigen verantwoordelijkheid was, maar hij wilde me de genoegens die een kind aan het eten van Big Macs en frites beleeft niet ontzeggen en dat vond ik klasse. "Maar," zei mijn vader ook, "verantwoordelijkheid komt met de jaren en ik weet dat jij jouw verantwoordelijkheden voor je eigen gezondheid niet zult ontlopen." Meer zei hij niet en hij had gelijk, want die dag kwam eerder dan ik gedacht had en ik ben er alleen maar beter van geworden. En u kan het net zo vergaan.

SOMMIGE SLAGEN EISEN MEER KRACHT

Veel van wat ik heb weten te bereiken in het golf komt doordat ik lichamelijk sterker ben geworden. Schoten zoals de 'stinger' met mijn ijzer-2 (zie hoofdstuk 5, bladzijde 136, EvGdN) kon ik 2 tot 3 jaar geleden nog niet slaan, simpelweg doordat het me aan kracht in de polsen en onderarmen ontbrak. Ik moest mijn lichaam aan mijn geest aanpassen om mijn talent optimaal te kunnen benutten. Bij dit spel moet je nu eenmaal alles in de strijd kunnen gooien wat je hebt en lichamelijke kracht is wis en waarachtig een van mijn sterke punten geworden.

12
ZO SPEEL JE DAT SPEL

GENIET, ZOLANG HET KAN EN DUURT

Het precieze percentage ken ik niet, maar een flink aantal beginnende golfers vindt het spel te moeilijk, wordt daardoor gefrustreerd, houdt op en raakt nooit meer een golfclub aan. Ik ken ook meerdere goede én succesvolle spelers die ergens onderweg het heilige vuur kwijt raakten en ermee stopten. Ik geloof dat ze uit het oog verloren waardoor ze verliefd op het spel werden om te beginnen. Dat spel kreeg hen namelijk niet te pakken omdat ze goed gingen spelen, maar omdat ze zo van het spelletje zélf genoten. Ik heb in mijn jeugd aan verschillende sporten gedaan, maar golf sloeg en slaat alles.

Ik heb al eerder verteld dat golf een goede jeugdvriend van me was. Als andere kinderen zich binnen verveelden als het buiten slecht weer was, had ik m'n golf. Ik maakte van de huiskamer een chippingweitje en sloeg flops van het tapijt die ik, over de salontafel heen, vlak voor de open haard zacht liet landen. Ik heb nooit iets gebroken, hoewel ik er behoorlijk dichtbij kwam. Mensen vragen me altijd hoe ik zo goed met de druk van toernooigolf om kan gaan. Nou, ik zal u een geheimpje vertellen. Ik sloeg die schoten destijd zodanig dat ze geen of maar heel weinig lawaai maakten. Als mijn moeder namelijk gehoord of gezien zou hebben dat ik in de huiskamer ballen aan het slaan was, zou ik de blaren op mijn achterwerk nu nog voelen. En zeg nou zelf: wat heeft de druk van toernooigolf dáárbij vergeleken nog te betekenen...? Als mijn vader 's zomers naar zijn werk ging placht hij me op de Heartwell Golf Course af te zetten en ik bleef daar dan de hele verdere dag. Ik kwam er zo omstreeks 9 uur aan en ging direct naar de range. Daarna speelde ik 9 holes, nam een lunchpauze en speelde nog eens 9 holes. Na afloop ging ik aan m'n korte spel werken tot mijn vader me weer ophaalde. Af en toe kwam Stuart Reed, een lid van de Europese PGA die in Long Beach woonde, naar Heartwell voor een oefenpartijtje en we sloten snel vriendschap. We hadden zo veel lol in het oefenen omdat we elkaar altijd te slim af probeerden te zijn. Ik was nog maar 5 of 6 en kon me dus van geen kant met zijn lange spel meten, maar met het korte spel zagen de zaken er wel even iets anders uit.

Toch heb ik altijd het meest genoten als ik met mijn vader speelde. Gebaseerd op het aantal slagen dat ik onder normale condities nodig had om de green te bereiken, waar hij vervolgens nog 2 putts bij optelde, maakte hij een eigen par-cijfer voor me.

Als ik op een gewone par-4 bijvoorbeeld vier slagen nodig had om de green te halen, omdat ik nu eenmaal nog niet ver genoeg kon slaan, was míjn par 6. We speelden ook allerlei leuke andere spelletjes. Zo zocht mijn vader bijvoorbeeld een bepaald doel uit en dan deden we wie er het dichtst bij kon komen. We maakten het wel moeilijker door te bepalen dat je niet recht naar het doel mocht slaan. Je moest de bal hetzij met een draw, hetzij met een fade spelen en dat hoe of wat wisselde telkens. Sommige van de slagen die u me nu nog steeds ziet slaan zijn zo, van de spelletjes met m'n vader op de range, afkomstig.

Golf mag nooit saai worden en al helemaal niet als je aan een verbetering van je spelpeil werkt. Zo heb ik op de range en op de oefengreen evenveel plezier als op de baan zelf. Ik geniet ervan om aan bepaalde slagen te werken - ik stuur de bal dan de ene kant op en dan weer de andere - mezelf intussen van het feit overtuigend dat ik kan wat ik graag wil. Op die manier kweekt u niet alleen veel zelfvertrouwen, u hebt nog plezier in de oefening ook.

Andere club, zelfde afstand – Met uitzondering van de eerste paar wedges die ik sla om op te warmen, sla ik altijd naar een doel. Neem het 140 meter-bord op de range eens als doel, begin dan met de club die u normaal - de mijne is een ijzer-9 - voor die afstand neemt en ga vervolgens tot en met uw ijzer-3 door met het slaan op datzelfde afstandsbord. Het is een geweldige oefening om de afstand door middel van de armsnelheid te kunnen controleren.

Ik probeer in mijn leven de juiste balans te vinden en vergeet daarbij niet me van tijd tot tijd te ontspannen. Zo zijn trick-shot artiest Dennis Walters en zijn hond Benji Hogan op veel van mijn clinics van de partij, en we hebben altijd de grootste lol met elkaar.

Ik probeer hier op een van mijn junior-clinics wel erg veel op een trick-shot artiest te lijken.

9-bal – Zoek een plek op ongeveer 4 tot 5 meter van de oefengreen uit. Neem vervolgens 9 ballen en drie verschillende clubs, laten we zeggen lob wedge, wedge en ijzer-8, hoewel ik er soms eentje door m'n houten-3 vervang. Mik op de hole die het verst van de door u uitgekozen plek verwijderd is en kijk dan eens hoeveel keer, en met welke club, u in 2 slagen (chip en putt, de zogenaamde up & down) uitholed. Ik doe wel eens iets dergelijks als putting-oefening met de driver, sand wedge en ijzer-2. Dat is dan weer een geweldige oefening om dat specifieke gevoel van het met het putterblad door de bal heenkomen als het ware in handen en armen in te kapselen.

Putt en leg terug – Voor dit spelletje heeft u een partner nodig en u putt van dezelfde afstand. Degene die vervolgens het verst van de hole vandaan ligt, moet die afstand nog met één putterlengte vergroten. Het doel is natuurlijk in zo min mogelijk slagen uit te holen, terwijl de winnaar telkens het startpunt voor de volgende hole bepaalt.

Floppen maar – Ik ga u echt niet voorstellen om in uw huiskamer flop shots te slaan zoals ik dat deed, maar door een hoed of pet op de range te gebruiken kunt u hetzelfde resultaat bereiken. Leg dat hoofddeksel een meter of vijftien bij u vandaan en probeer

Hier heeft iemand mij getrukt door mijn bal ongezien - altijd goed voor een lach - voor een poederbal om te ruilen.

vervolgens om er zoveel mogelijk ballen in te 'floppen'.

P-A-A-R-D – Ook voor dit spelletje heeft u weer een partner nodig. Gooi een muntstuk op om te bepalen wie het eerst mag putten, waarna degene die wint niet alleen de plek bepaalt waar hij naar toe gaat spelen, zolang hij zijn putts holed behoudt hij ook de eer. De tweede speler putt steeds na de eerste. Als hij mist krijgt hij een letter en de eerste de beste die Paard kan spellen heeft het spelletje verloren.

Wolf/varken – Dit spel kan het best gespeeld worden door een foursome. Door weer een munt op te gooien wordt een van de vier spelers op de eerste tee tot 'wolf' gekozen. De 'benoeming' verandert op opeenvolgende holes, zodat iedere speler na de laatste putt op de 16de hole vier keer de 'wolf' is geweest. De wolf mag nadat de tee shots geslagen zijn een partner kiezen, of hij mag alleen tegen de drie anderen spelen. Indien hij een partner kiest, kan deze weigeren - als zijn afslag bijvoorbeeld het beste van de vier is - en zelf, als 'varken', verkiezen om tegen de drie anderen te spelen. Punten worden aldus per hole verzameld en de speler met het minste aantal verliest en betaalt de drankjes.

Een komediant ben ik zeker niet, maar ik vertel van tijd tot tijd graag een mop om de spanning te breken.

Paraplu – Dit is een 6 punten-spel dat tussen partners, twee tegen twee, wordt gespeeld. Op iedere hole worden punten toegekend aan de laagste score, het dichtst bij de vlag en een birdie. Het team met de hoogste individuele score per hole moet 1 punt 'overgeven' aan het andere team, terwijl het laagste gezamenlijke totaal goed is voor 2 punten. Als één team alle 6 beschikbare punten op een bepaalde hole krijgt, wordt dat totaal verdubbeld en houdt het verliezende team de paraplu omhoog als een soort van witte handdoek in de boksring.

Vegas – Bij dit spel worden de scores van alle spelers - weer twee tegen twee - op iedere hole gebruikt. De laagste scores tussen twee partners worden het eerst genoteerd. Als ik bijvoorbeeld een 4 maak en mijn partner een 6 is onze gezamenlijke score 46. Als onze tegenstanders nu 45 maken, krijgen wij op die hole 1 punt. Als één team een birdie maakt, moet het andere team hun score omdraaien: 47 wordt dan 74 en het verschil in punten gaat naar het 'birdie-team'. Als beide teams een birdie maken worden beide scores omgedraaid en het verschil in punten gaat naar het team met de laagste score. Dit spelletje kan wat geld kosten, maar leuk is het zeker.

Misschien vindt u het lastig te begrijpen, maar zelfs als ik het op de laatste 9 van een bepaald toernooi moeilijk heb geniet ik toch. Oké, ik geef het direct toe, er zijn spelers die dat enthousiasme meer uiten dan ik. Zo praat en maakt Lee Trevino grapjes met zijn medespelers en het publiek. Chi Chi Rodriguez speelt de clown en Arnold Palmer zegt met één glimlach meer dan met duizend woorden. En toch geloof ik dat zelfs de meest stoïcijnse speler de tijd van zijn leven heeft als het er in die laatste paar holes werkelijk om gaat. Als het niet zo was zou hij niet moeten spelen.

Mezelf dwingen om tot het uiterste te gaan vormt een deel van het plezier dat ik uit het spelen van wedstrijden krijg. Het is een soort van dwangmatig gevoel van binnenuit en iedere speler kan zich er mee identificeren. Soms ook verras ik mezelf. Toen ik The Masters voor de tweede keer won en op dat moment de vier Major-titels in handen hield, vond ik het toch verbazingwekkend dat ik - ook al had ik er hard naartoe gewerkt - vier keer binnen een jaar zo had weten te pieken.

De strijd op die laatste paar holes van Augusta National was moordend en onvergetelijk. David Duval scoorde als een bezetene, Phil Mickelson was niet weg te branden uit de top van het klassement en ik bleef de putts maken die ik nodig had. Als je adrenaline tijdens zo'n strijd niet op gang komt, komt het dat nooit meer, maar hoewel ik die dag dus als de gelukkige uit de bus kwam, was iedereen een winnaar.

Toch, het mooiste dat ik uit het golf haal is de wetenschap dat ik iets terug kan doen, iets terug kan geven. Zo geniet ik ervan om met kinderen te kunnen werken en hen te helpen hun dromen, of dat nu in het golf is of in het leven in het algemeen, waar te maken. Ik vat mijn verantwoordelijkheden als een

Ik vind het verstandig, of ik nu werk of speel, om van tijd tot tijd wat gas terug te nemen. Het is een filosofie die mij tot nog toe goed geholpen heeft.

voorbeeld zeer serieus op, en door anderen positief te kunnen beïnvloeden geloof en hoop ik ze op de goede weg te kunnen zetten. Voor dat gevoel ben ik de sport dankbaar. In het grote geheel immers kunnen we slechts iets betekenen voor hen die we kennen: hen dus ook die we kunnen helpen. Uitsluitend daarop zullen we ooit afgerekend worden. Dat ik maar veel warmte uit nog veel meer lachende kindergezichten mag krijgen.

Mijn ouders hebben in mijn leven veruit de grootste invloed op me gehad. Zij hebben me ook geleerd om een deel van mezelf, omgezet in tijd, talent en, bovenal, liefde te geven. Die vroege levenslessen ben ik nooit vergeten. Daarom hoop ik ook dat u mijn lessen, verspreid over de bladzijden van dit boek, niet zult vergeten.

Ik hou van dit spel omdat het spel van mij houdt. Bovenal echter hou ik ervan omdat het me in staat heeft gesteld u het beste van mezelf te geven, en dat is nog het mooist van alles.

Titleist

Als het spelen van dit heerlijke spel u geen plezier brengt of voldoening schenkt, ga dan maar iets anders doen. Plezier in het spel leidt tot beter golf en andersom. En vergeet niet om onderweg eens stil te staan bij de schoonheid van de natuur om u heen.

EPILOOG

Het U.S. Amateur Kampioenschap van 1996 op Pumpkin Ridge is een goed voorbeeld hoe u, als u uw spel wilt verbeteren tenminste, dit boek zou kunnen benaderen. Ik had juist een enorme drive geslagen op de par-4 zestiende in mijn tweede ronde tegen Jerry Courville, een prima speler uit Connecticut. Toen ik bij mijn bal kwam zag ik dat hij lelijk diep in de rough lag, de eerste maaibaan nog wel, en op maar 30 centimeter van de fairway. Onder doodse stilte, ik wilde net een club uit de tas pakken, hoorde ik opeens een bekende stem van bijna 50 meter verderop: "Die kun je echt niet tellen als een 'fairway hit in regulation'."

Ik keek naar voren en ja hoor, daar stond hij, mijn vader lachend en wel onder een boom. Laat dat maar rustig aan hem over om zoiets te schreeuwen, terwijl ik probeerde het op dat moment belangrijkste toernooi uit mijn leven te winnen: een toernooi nog wel dat mijn derde opeenvolgende U.S. Amateur-titel zeker zou stellen. Het was, hoe dan ook, echt iets voor hem en ik schudde mijn wijze hoofd en lachte er om. Maar zoals hij me toen op dat detail wees, meer was het immers niet, zo heeft hij me ook opgevoed. Hij geloofde nu eenmaal niet in sluiproutes, niet in het golf noch in het gewone leven. Als hij iets wilde bereiken maakte hij een plan om er vervolgens systematisch en doelbewust op af te stevenen. Onderweg beoordeelde en herbeoordeelde je je sterke en zwakke punten op een eerlijke manier: als een bal dus 30 centimeter naast de fairway terecht kwam, kon je die slag niet tellen als een fairway hit. Met die filosofie voor ogen heeft u het meeste baat bij het lezen van dit boek. Lees het nog eens, juist ook nu u het al een keer gelezen heeft. Besteed aan ieder afzonderlijk onderdeel wat meer tijd en concentreer u op die disciplines waar u met uw spel het meeste aan hebt. Oefen ze, denk er aan en ga niet verder voor u ieder onderdeeltje onder de knie hebt. Het zal u tijd en inspanning kosten, maar het is het waard. Wat op het eerste gezicht misschien erg geestdodend lijkt, zal u later niet alleen belonen, maar u ook veel plezier bezorgen. Ik ga graag naar de range met het doel een specifiek swingprobleem op te lossen. Zo'n probleem intimideert me nooit, ofschoon ik soms wel eens gefrustreerd raak als de oplossing langer duurt dan ik verwacht had. Voor ieder probleem immers ligt altijd een passend antwoord klaar. Ik hoop dat dit boek uw spel wellicht nu al geholpen heeft. Ik vond het in ieder geval een voorrecht en een genoegen om mijn kennis op u over te mogen brengen.

—Tiger Woods, *herfst 2001*